JN033545

Introduction to Microeconomics

ミクロ経済学概論

大熊正哲 Masanori Ohkuma

法律文化社

はじめに

　本書は経済学を初めて本格的に学ぼうとする学生の皆さんや，経済学「再入門」を志す社会人の皆さんを対象として執筆されたミクロ経済学のテキストです。すでに市場には世界的ベストセラーの翻訳書を含む数多くのミクロ経済学のテキストが流通しています。しかし，いくつかの既存のテキストはページ数が膨大で，自学用としては優れていても現在多くの大学で一般的となっている2学期制（セメスター制）／4学期制（クォーター制）の講義では使いづらいとの印象をもちます。また，あるタイプの既存のテキストは「入門」とうたっていても実際に要求される数学の知識・技能が高校数学のそれを大きく逸脱していて，初学者が経済学の有用性を実感する前に継続して学ぶ意欲を喪失してしまうように思います。その一方，別のタイプのそれは数式をまったく使わないことをセールス・ポイントとすることで内容が希薄になり，初学者は「わかったつもり」にはなっても，中級以上の学びにつなげることができません。

　このような筆者の「消費者」としての経験をふまえ，本書は既存のテキストと差別化された次のような特徴を有しています。

　①1単位もしくは2単位相当の授業科目のテキストとして内容が完結するように，ミクロ経済学の一般的包括的内容をカバーしつつ扱うトピックが厳選されていること。
　②中級以上の学びにつながる数式・グラフによる論理展開と，初学者にとって「腹落ち感」のある直観的説明の両立が図られていること。そのために，数式・グラフによる論理展開においては高校数学との連続性に配慮がなされるとともに，側注に話し言葉による丁寧な解説が付されていること。
　③初学者が社会科学全般に通用する強力な分析ツールとしてのミクロ経済学の有用性を実感できるように，余剰分析とそれを応用した政策評価に最短距離で到達できる内容構成であること。
　④アクティブ・ラーニングを実現するべく，随所に演習問題が用意されていること。

　上記のようなねらいから，本書は議論を部分均衡分析の枠内にとどめ，消費者の効用関数については一貫して準線形性を仮定しています。その最たる理由は，これからミクロ経済学を本格的に学ぼうとする方にとって，社会科学全般に通用する強力な分析ツールとしてのミクロ経済学の有用性は，余剰分析にこそ見出せるのではないかとの筆者の考えによるものです。言い換えると，本書はミクロ経済学の初学者にとっては最もハードルが高い（？）無差別曲線の概念を用いることなく，初学者が一気に中級以上の学びに到達できるように内容構成が工夫されています。もちろん，経済学の学びを深めるうえで無差別曲線の

概念を理解することは必須ですから，それについては本書全体を通読するうえでは省略可能な発展的内容として内容構成に含めることにしました。

　本書を大学の講義のテキストとして使用する場合，2単位の授業科目であれば本書のすべて（序～第14講）をカバーできるものと思います。1単位の授業科目であれば，例えば次のような授業計画が想定されます。

○入門クラス（市場機構の機能と限界）
　　第1講＋第2講＋第4講＋第5講＋第7講＋第8講もしくは第9講＋第10講もしくは第11講
○発展クラス（市場競争の経済的意義）
　　第1講＋第2講＋第3講＋第4講＋第5講＋第6講＋第7講＋第12講＋第13講＋第14講

　なお，各講・各節のタイトルに付された「★」は，本書のレベルからみて発展的な内容であることを示します。この部分を省略しても，本書全体の理解には影響しません。また，本書の執筆にあたっては既存のテキストを中心に数多くの文献を参照しました。テキストという本書の性格上，それらの出所を学術論文のように逐一掲示することはしていませんが，代わりに主要な参考文献を各部毎に「文献案内」としてまとめました。これらを読み比べることで，ミクロ経済学の学びがさらに深まるはずです。ぜひ参考になさってください。

　経済学は「社会科学の女王」とも称されるエキサイティングな学問です。その洗練された方法論から，今日の人文・社会諸科学の深化と統合においても核心的な役割を果たしています。また，今日のような成熟した市民社会において，経済学的な見方・考え方は自律した個人として生きるすべての人々が身に付けるべき必須の教養といえます。しかしながら，世間一般が抱く経済学のイメージと実際のそれとのあいだには，大きな隔たりがあるように思えます。昨今，巷にはさまざまな経済論議が溢れ，あたかも「一億総エコノミスト」とでも言える状況です。そのため，専門的な知的トレーニングを積まなくても，自らの「生活者」としての実感や経営者としての経験のみに基づいて経済（学）を語ることができると思う人もいるようです。その一方で，経済学は「象牙の塔」に籠った学者が難解な数式を弄ぶだけの知的遊戯に過ぎず，現実の社会が抱えるさまざまな問題を解決する手段としては無力であると考える人もいます。それどころか，反グローバリズムや市場原理主義批判といった文脈においては，ときに経済学が人々の憎悪の対象になることさえあります。こうした見解の多くは経済学に対する人々の誤解から生じたものであり，経済学を少しでも本格的に学んだ者にとっては容易に同意できるものではないでしょう。本書が経済学を初めて本格的に学ぼうとする学生の皆さんや，経済学「再入門」を志す社会人の皆さんのニーズに合致し，このような経済学に対する誤解を解く一助となれば，筆者にとって望外の喜びです。

　本書は筆者がこれまで早稲田大学と岡山大学で担当した学部 1・2 年生を主な対象とする授業科目の講義ノートと，講義後に履修者の皆さんと交わした対話がベースとなっています。筆者の拙い講義にお付き合いいただき，積極的に質問を寄せていただいた学生の皆さん，どうもありがとうございました。また，本書の出版にあたっては，法律文化社編集部の梶谷修氏にたいへんお世話になりました。梶谷氏の辛抱強い励ましと細やかなご配慮により，何とか原稿をまとめることができました。

　筆者が初めて大学の教壇に立ったのは，東日本大震災の起きた2011年の春でした。新年度の授業開始が 5 月の大型連休明けに延期されるなか，授業初日の朝に緊張しながら教場の大教室に向かったことが，まるで昨日のことのように思い出されます。気がつけば，それから10年以上の月日が流れました。「光陰矢の如し」とはまさにこのことです。学生時代から今日に至るまで，母校の指導教員であった森映雄先生，藪下史郎先生をはじめ，多くの先生方から温かいご指導を賜りました。先生方の学恩に深く感謝いたします。

2022年 5 月

大熊　正哲

目　　次

第Ⅰ部　消費者行動

第Ⅳ部　市場の失敗

第Ⅴ部　不完全競争

序

ミクロ経済分析の基礎概念

本講の目標

- ミクロ経済学を学ぶうえで必須となる基礎的用語がわかる。
- 簡単な数値例から，需要曲線の形状が右下がりとなり，また供給曲線のそれが右上がりとなる理由について直観的に説明できる。
- 市場均衡や余剰といった概念について直観的に説明できる。

---

§1 需要曲線

経済学では，さまざまな商品やサービスを総称して**財**（goods）と呼ぶ[*1]。**消費者**（consumer）ないし**家計**（household）と呼ばれる経済主体が，財を消費することで得る主観的な満足の程度を金額表示したものを**総便益**（gross benefit）という[*2]。

表 0.1（a）の第 3 列には，ある消費者 V がコーヒーの追加的な消費から得る総便益の増分と消費水準の対応が示されている。一般に，財を追加で 1 単位消費したときの総便益の増分を**限界便益**（marginal benefit）という[*3]。限界便益は財を追加で 1 単位消費するために消費者が支払ってもよいと考える最高金額にほかならない[*4]。その意味で，限界便益を消費者の**限界支払意思額**（marginal willingness to pay）ともいう。

ところで，表 0.1（a）に示された消費者 V の限界便益は，コーヒーの消費水準が高まるにつれてしだいに減少している。このことが自然である理由は，消費者 V がコーヒーの消費に飽きるという単純なものである。こうした財の消費水準と限界便益の関係は一般的に成立すると考えられるので，これを**限界便益逓減の法則**（law of diminishing marginal benefit）という[*5]。

[*1] テキストによっては，かたちがあるものを「財」，かたちがないものを「サービス」と呼んで区別する場合もあります。どちらでも構いません。

[*2] 例えば，大学が供給する教育サービスも財の 1 つです。消費者である学生の皆さんは，大学が供給する教育サービスを消費することで正の総便益を得ている ⋯ でしょ？

[*3] ここでいう「限界」（marginal）とは「ほんのちょっとだけ」という意味で，数学的には微分に関する概念であることを意味します。これから，たくさんの「限界なんとか」という用語が出てきますので，覚えておきましょう。

[*4] 例えば，もう 1 つ消費することで 500 円相当の満足が得られる高級アイスクリームに，最大でいくらまでなら支払ってもよいかを考えてみましょう。

表 0.1　コーヒーの消費水準と限界便益および限界純便益

(a)　消費者 V

消費量	価格	限界便益	限界純便益
1 杯目	300 円	800 円	500 円
2 杯目	300 円	500 円	200 円
3 杯目	300 円	200 円	−100 円
4 杯目	300 円	100 円	−200 円
5 杯目	300 円	0 円	−300 円

(b)　消費者 W

消費量	価格	限界便益	限界純便益
1 杯目	300 円	400 円	100 円
2 杯目	300 円	200 円	−100 円
3 杯目	300 円	100 円	−200 円
4 杯目	300 円	0 円	−300 円
5 杯目	300 円	0 円	−300 円

> ─ 限界便益逓減の法則 ─
>
> 　ある財の消費量を追加で 1 単位増加させたときの総便益の増分は，当該財の消費水準が高まるにつれてしだいに減少する。

*5 「逓減」とはしだいに減少するという意味です。「限界便益逓減の法則」とは何とも仰々しい響きですが，要は「ふつう，コーヒーは 2 杯目より 1 杯目の方がおいしくね？」と言っているだけです。難しく考えないでください。ところで，たまに居酒屋などで飲めば飲むほどピッチがあがる人を見かけることがありませんか。彼/彼女らにとって，アルコール消費の限界便益は逓増しているのだと考えられますが，ここではそうしたケースは考えないこととします。なぜなら，理性を喪失した酔っ払いは，もはや伝統的な経済学が前提とする「合理的経済人」(homo economicus) とはいえないからです。このように，「法則」とはいっても例えば自然科学における「万有引力の法則」のように必ずしも普遍的な自然の摂理を意味するわけではなく，「ふつう，そうじゃね？」ぐらいに捉えておけばよいでしょう。

　いま，コーヒー 1 杯の価格が 300 円であるとする。このとき，消費者 V はコーヒーをどれだけ消費するだろうか。表 0.1 (a) によれば，消費者 V は 1 杯目のコーヒーを消費することに 800 円相当の価値があると判断しているところ，それを実現するために必要な費用はわずか 300 円なのだから，1 杯目のコーヒーの消費から正味で 500 円（= 800 円 − 300 円）相当の利益を得る。ここでいう消費者の利益，すなわち限界便益と価格の差を**限界純便益**（marginal net benefit）という。表 0.1 (a) の第 4 列には，消費者 V がコーヒーの消費から得る限界純便益と消費水準の対応が示されている。消費者 V は 2 杯目のコーヒーの消費からも 200 円相当の正の限界純便益を得る。しかし，3 杯目以降のそれは負の値となるので，あえて消費するはずがない。ゆえに，消費者 V はコーヒーを 2 杯消費し，1 杯目の消費から得られる限界純便益と 2 杯目のそれの合計である 700 円（= 500 円 + 200 円）相当の利益を得ることになる。これを消費の**純便益**（net benefit）という。

　一般に，ある財を消費することで得られる純便益は，消費 1 単位毎に得られる限界純便益をすべて足し合わせることで算出される。あるいは，まず限界便益を足し合わせることで総便益を求め，そこから消費を実現するための費用（すなわち，消費費用）を控除しても同じことである。ここでは，消費者 V がコーヒー 2 杯の消費から得る総便益は，1 杯目の消費の限界便益 800 円と 2

杯目のそれ 500 円の合計 1,300 円である。それを実現するための消費費用は
600 円であるから，両者の差はやはり 700 円となる。

　他方，表 0.1 (b) の第 3 列には，別の消費者 W がコーヒーの消費から得る
限界便益と消費水準の対応が示されている。これまでの議論から，明らかに消
費者 W はコーヒーを 1 杯だけ消費し，それによって 100 円相当の純便益を
得る。

　図 0.1 には，横軸に数量，縦軸に限界便益をとった平面上に，表 0.1 に示さ
れた消費者 V と消費者 W の各消費水準における限界便益をあらわす柱が描
かれている。横軸の 1 目盛の単位は 1 杯，縦軸のそれは 100 円である。平面
上に描かれた水平線はコーヒーの価格（ここでは，300 円）をあらわしており，
これを**価格線**（price line）という。

　さきに確認したように，消費者は限界純便益が正である限り当該財を消費す
るはずだから，図 0.1 (a) からは消費者 V のコーヒーの消費量が 2 杯とな
ることをあらためて確認できる。ここで，何らかの理由からコーヒーの価格
が 600 円に上昇したとしよう [*6]。このとき，図 0.1 (a) から消費者 V のコー
ヒーの消費量が 1 杯に減少することが読み取れる。同じように，もしコーヒー
の価格が 150 円に下落すれば，消費者 V の消費量は 3 杯に増加する。これら
を一般化すれば，図 0.1 (a) において階段状の太線で示されている柱の外郭線
と価格線の交点に対応する数量が，消費者 V のコーヒーの需要量となってい
る。つまり，図 0.1 (a) において太線で示されている階段状の曲線こそが，消
費者 V にとってのコーヒーの**個別需要曲線**（individual demand curve）にほ
かならないのである [*7]。まったく同じ議論から，図 0.1 (b) において太線で
示されている階段状の曲線が消費者 W のそれであることは明らかである。

　それでは，任意の価格と市場全体の需要量の対応関係をあらわした**市場需要
曲線**（market demand curve）は，どのように導出されるのだろうか [*8]。簡単
化のために，ここではコーヒー市場に参加している消費者が消費者 V と消費
者 W の 2 人のみであるとする。図 0.2 には，図 0.1 に描かれた消費者 V と
消費者 W の限界便益をあらわす柱が，同一平面上に柱の高さが高い順に並べ
られている。色の薄い柱が消費者 V，色の濃い柱が消費者 W のそれである。
こうした操作を，個別需要曲線の**水平和**（horizontal summation）をとる（な
いし，水平方向に足し合わせる）という。

*6 例えば，テレビの情報番組で
コーヒーが健康に良いことが紹
介されたり，あるいは天候不良で
コーヒー豆が不作であったりした
状況が想定できるでしょう。

*7 個別需要曲線とは，ある特定
の消費者の需要曲線という意味
です。

*8 市場需要曲線は「産業全体の
需要曲線」などと呼ばれることも
あります。

> **需要曲線**
>
> 需要曲線上の任意の点と横軸のあいだの垂直距離は，各消費水準において
> 当該財を追加的に消費することで得られる限界便益の大きさをあらわす。

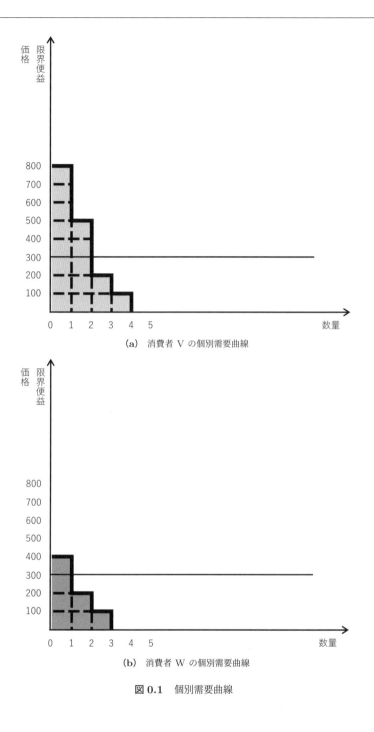

(a) 消費者 V の個別需要曲線

(b) 消費者 W の個別需要曲線

図 0.1 個別需要曲線

　図 0.2 からは，コーヒーの価格が 300 円の場合，消費者 V が 2 杯，消費者 W が 1 杯のコーヒーを需要するので，市場全体の需要量は両者の合計である 3 杯となることがわかる。同様に，コーヒーの価格が 600 円に上昇すれば市場全体の需要量は 1 杯に減少し，150 円に下落すれば 5 杯に増加することもわかる。つまり，図 0.2 において太線で示されている階段状の曲線こそ，コーヒーの市場需要曲線にほかならないのである。個別需要曲線の形状が右下がり

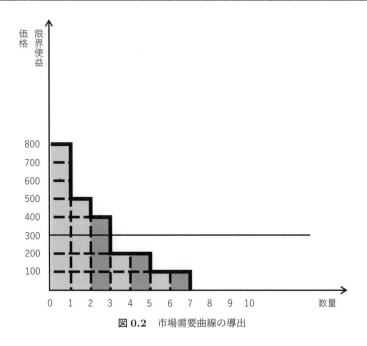

図 0.2　市場需要曲線の導出

となるならば（言い換えれば，個人レベルの消費で限界便益逓減の法則が成り立つならば），市場需要曲線の形状も必ず右下がりとなるはずである。これを**需要法則**（law of demand）という。

> **需要法則**
>
> 他の要因が一定であれば，財の需要量は価格が高くなるにつれてしだいに減少する。

§2　消費者余剰

さきに確認したように，コーヒーの価格が 300 円の場合に消費者 V が得る純便益は 700 円である。これは，図 0.1（a）において消費者 V の個別需要曲線の左側，価格線の上側，および縦軸の右側によって形成される領域の面積に等しくなっている。同じく，消費者 W が得る純便益は 100 円となるが，やはり図 0.1（b）において個別需要曲線の左側，価格線の上側，および縦軸の右側によって形成される領域の面積に一致する。このことは，純便益が消費者の最高支払意思額である総便益と実際の支払額の差として定義されることから当然といえる。消費者がある財の取引に参加することで得る純便益の増分を**消費者余剰**（consumer surplus）という。これまでの議論から明らかなように，当該財の取引によって消費者にもたらされる利益の大きさは消費者余剰によって測

ることができる。

　図 0.2 からわかるように，市場全体の消費者余剰は，市場需要曲線の左側，価格線の上側，および縦軸の右側によって形成される領域の面積であらわされ，その大きさは市場に参加している個々の消費者が得る消費者余剰の合計となる（ここでは，800 円）。また，消費者余剰は生産物の価格が低いほど大きくなる。このことは，「価格が低いほど消費者にとって望ましい」という直観とも合致しよう。

消費者余剰

ある財の取引によって消費者にもたらされる利益は消費者余剰によって測られ，それは取引される財の価格が低いほど大きくなる。

確認問題 0.1

　次の表はビスケットの消費にともなう消費者 A と消費者 B の限界便益を示している。ビスケット 1 枚の価格は 200 円である。

消費者 A

消費量	1 枚目	2 枚目	3 枚目	4 枚目	5 枚目
限界便益	500 円	400 円	300 円	150 円	100 円

消費者 B

消費量	1 枚目	2 枚目	3 枚目	4 枚目	5 枚目
限界便益	400 円	300 円	100 円	50 円	10 円

(1) 消費者 A のビスケットの需要量を求めなさい。

(2) 消費者 A がビスケットの取引から得る消費者余剰を求めなさい。

(3) ビスケット市場に参加している消費者が A と B のみである場合，市場全体の需要量を求めなさい。

(4) ビスケット市場全体の需要曲線を描きなさい。

(5) 消費者全体がビスケットの取引から得る消費者余剰を求めなさい。

§3　供給曲線

　生産者（producer）ないし**企業**（firm）と呼ばれる経済主体は，ある特定の

表 0.2 コーヒーの生産水準と限界費用および限界利潤

(a) 生産者 X

生産量	価格	限界費用	限界利潤
1 杯目	300 円	100 円	200 円
2 杯目	300 円	200 円	100 円
3 杯目	300 円	400 円	−100 円
4 杯目	300 円	700 円	−400 円
5 杯目	300 円	800 円	−500 円

(b) 生産者 Y

生産量	価格	限界費用	限界利潤
1 杯目	300 円	100 円	200 円
2 杯目	300 円	400 円	−100 円
3 杯目	300 円	500 円	−200 円
4 杯目	300 円	700 円	−400 円
5 杯目	300 円	800 円	−500 円

財を生産し販売すること（以下，単に「生産」という）で**利潤**（profit）を得る。ここでいう利潤とは，**生産物**（product）を販売することで得られる**総収入**（total revenue）から，生産にかかる**総費用**（total cost）を控除したものとして定義される。また，生産に必要な**労働**（labor）や**資本**（capital）といった投入物を**生産要素**（factor of production）という *9。

表 0.2（a）の第 3 列には，ある生産者 X がコーヒーの追加的な生産を行うことで生じる総費用の増分と生産水準の対応が示されている。一般に，財を追加で 1 単位生産することで生じる総費用の増分を**限界費用**（marginal cost）という。ここで，限界費用は生産者が財を追加で 1 単位生産するために受取り（支払い）を要求する最低金額をあらわしていることに注意しよう *10。その意味で，限界費用は生産者の限界受取（支払）要求額でもある *11。

ところで，表 0.2（a）に示された生産者 X の限界費用は，コーヒーの生産水準が高まるにつれてしだいに増加している。その理由は，他の生産要素（例えば，資本）の投入量が一定のもとで，ある生産要素（例えば，労働）の投入量のみを増加させても，それによって生じる生産量の増分は，当該生産要素（例えば，労働）の投入水準が高まるにつれてしだいに減少すると考えられるからである *12。ある生産要素（例えば，労働）を追加で 1 単位投入することで生じる生産量の増分を，当該生産要素（例えば，労働）の**限界生産物**（marginal product）（ないし，**限界生産性**あるいは**限界生産力**）という。他の生産要素（例えば，資本）の投入量を一定とした場合，ある生産要素（例えば，労働）の投入が生み出す限界生産物が，当該生産要素（例えば，労働）の投入水準が高まるにつれてしだいに減少することを**限界生産物逓減の法則**（law of

*9 「資本」という用語は聞き慣れないかもしれませんが，財を生産するために必要な機械などの設備を意味する専門用語です。例えば，皆さんが大学祭でお好み焼きの屋台を出店したとすれば，お好み焼きを焼くための鉄板やテントなどが資本にあたります。

*10 例えば，コーヒー 1 杯を追加で生産するのに 500 円かかるとします。その場合，生産者はコーヒーの価格が少なくとも 500 円以上でなければ，追加の生産に応じないはずです（あたりまえ）。

*11 消費者にとっては，消費の限界便益が限界支払意思額をあらわしていました。

diminishing marginal product）という。このことは，財を追加で 1 単位生産するために必要となる当該生産要素（例えば，労働）の投入量がしだいに増加することを意味するので，そのための費用，すなわち限界費用も自ずと増加する *13。これを**限界費用逓増の法則**（law of increasing marginal cost）という。

> **限界費用逓増の法則**
>
> ある財の生産量を追加で 1 単位増加させたときの総費用の増分は，当該財の生産水準が高まるにつれてしだいに増加する。

いま，コーヒー 1 杯の価格が 300 円であるとする。このとき，生産者 X はコーヒーをどれだけ生産するだろうか。まず，生産者 X は 1 杯目のコーヒーを生産することで 300 円の収入を得る。一般に，ある生産物を追加で 1 単位生産することで得られる総収入の増分を**限界収入**（marginal revenue）という。ここではコーヒーの価格は 300 円で一定のため，限界収入は価格に等しい。その一方，それを実現するためには追加で 100 円の費用がかかる。ゆえに，生産者 X は 1 杯目の生産から両者の差である 200 円の利益を追加で得ることができる。一般に，限界収入（ここでは，価格に等しい）と限界費用の差を**限界利潤**（marginal profit）という。同様に，生産者 X は 2 杯目の供給から 100 円（＝ 300 円 − 200 円）の限界利潤を得る。しかし，3 杯目以降のそれは負の値となるので，あえて生産するはずがない。結局，生産者 X はコーヒーを 2 杯生産し，1 杯目の供給から得られる限界利潤と 2 杯目のそれの合計である 300 円の利益を得ることになる。これを**粗利潤**（gross profit）という *14。

一般に，ある財を生産することで得られる粗利潤は，生産 1 単位毎に得られる限界利潤をすべて足し合わせることで算出される。あるいは，まず限界収入を足し合わせることで総収入を求め，そこから限界費用の合計を控除してもよい。ちなみに，限界費用の合計を**可変費用**（variable cost）という *15。ここでは，生産者 X がコーヒー 2 杯の供給から得る総収入は，1 杯目の供給の限界収入と 2 杯目のそれの合計である 600 円である。その一方，限界費用の合計すなわち可変費用は 300 円であるから，両者の差はやはり 300 円となる。

他方，表 0.2（b）の第 3 列には，別の生産者 Y がコーヒーの生産を行うことで生じる限界費用が示されている。これまでの議論から，明らかに生産者 Y はコーヒーを 1 杯だけ生産し，200 円の粗利潤を得る。

図 0.3 には，横軸に数量，縦軸に限界費用をとった平面上に，表 0.2 に示された生産者 X と生産者 Y の各生産水準における限界費用をあらわす柱が描か

れている。横軸の 1 目盛の単位は 1 杯，縦軸のそれは 100 円である。

　さきに確認したように，生産者は限界利潤が正である限り財を生産するはず
だから，図 0.3（a）から生産者 X のコーヒーの供給量が 2 杯となることをあ
らためて確認できる。ここで，コーヒーの市場価格が 600 円に上昇したとし
よう。これまでの議論から，このとき生産者 X のコーヒーの供給量は 3 杯に
増加するはずである。同じように，もしコーヒーの市場価格が 150 円に下落
すれば，生産者 X の供給量は 1 杯に減少する。これらを一般化すれば，図 0.3
（a）において階段状の太線で示されている柱の外郭線と価格線の交点に対応す
る数量が，生産者 X のコーヒーの供給量となっていることがわかる。つまり，
図 0.3（a）において太線で示されている階段状の曲線こそが，生産者 X の**個
別供給曲線**（individual supply curve）にほかならないのである [16]。まった
く同じ議論から，図 0.3（b）において太線で示されている階段状の曲線が生産
者 Y のそれであることは明らかである。

　それでは，任意の価格と市場全体の供給量の対応関係をあらわした**市場供給
曲線**（market supply curve）は，どのように導出されるのだろうか [17]。簡単
化のために，ここではコーヒー市場に参加している生産者が生産者 X と生産
者 Y の 2 人のみであるとする。図 0.4 には，図 0.3 に描かれた生産者 X と
生産者 Y の両者がコーヒーの生産にともない負担することになる限界費用を
あらわす柱が，同一平面上に柱の高さが低い順に並べられている。色の薄い柱
が生産者 X，色の濃い柱が生産者 Y のそれである。図 0.4 において太線で示
されている階段状の曲線こそ，コーヒーの市場供給曲線にほかならない [18]。

> ── 供給曲線 ──
> 供給曲線上の任意の点と横軸のあいだの垂直距離は，各生産水準におい
> て当該財を追加的に生産することで生じる限界費用の大きさをあらわす。

　図 0.4 からは，コーヒーの市場価格が 300 円であれば，市場全体の供給量
は 3 杯となることがわかる。コーヒーの市場価格が 600 円に上昇すれば市場
全体の供給量は 6 杯に増加し，150 円に下落すれば 2 杯に減少する。個別供
給曲線の形状が右上がりとなるならば（言い換えれば，生産過程において限界
生産物逓減の法則が成り立つならば），市場供給曲線の形状も必ず右上がりと
なるはずである。これを**供給法則**（law of supply）という。

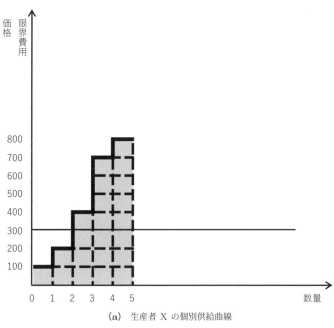

(a) 生産者 X の個別供給曲線

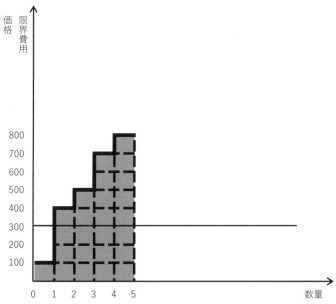

(b) 生産者 Y の個別供給曲線

図 0.3 個別供給曲線

─ 供給法則 ───────────────

他の要因が一定であれば，財の供給量は価格が高くなるにつれてしだい

に増加する。

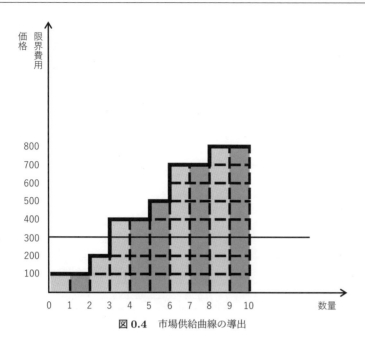

図 0.4　市場供給曲線の導出

§4　生産者余剰

　さきに確認したように，コーヒーの市場価格が 300 円の場合に生産者 X が
得る粗利潤は 300 円である。これは，図 0.3（a）において個別供給曲線の左
側，価格線の下側，および縦軸の右側によって形成される領域の面積に等しく
なっている。同じく，生産者 Y の得る粗利潤は 200 円となるが，やはり図 0.3
（b）において個別供給曲線の左側，価格線の下側，および縦軸の右側によって
形成される領域の面積に一致する。このことは，粗利潤が生産者の最低受取
（支払）要求額である可変費用と実際の受取額である総収入の差として定義さ
れることから当然といえる。生産者がある財の取引に参加することで得る粗利
潤の増分を**生産者余剰**（producer surplus）という。これまでの議論から明ら
かなように，当該財の取引によって生産者にもたらされる利益の大きさは，こ
の生産者余剰によって測ることができる。

　図 0.4 から明らかなように，市場全体の生産者余剰は，個々の生産者が得る
生産者余剰の合計となる（ここでは，500 円）。また，生産者余剰は生産物の
価格が高いほど大きくなる。このことは，「価格が高いほど生産者にとって望
ましい」という直観とも合致しよう。

> **生産者余剰**
>
> ある財の取引によって生産者にもたらされる利益は生産者余剰によって
> 測られ，それは取引される財の価格が高いほど大きくなる。

確認問題 0.2

　次の表はビスケットの生産にともなう企業 C と企業 D の限界費用を
示している。ビスケット 1 枚の価格は 200 円である。

企業 C

生産量	1 枚目	2 枚目	3 枚目	4 枚目	5 枚目
限界費用	100 円	150 円	250 円	300 円	350 円

企業 D

生産量	1 枚目	2 枚目	3 枚目	4 枚目	5 枚目
限界費用	50 円	100 円	150 円	250 円	300 円

(1) 企業 C のビスケットの供給量を求めなさい。

(2) 企業 C がビスケットの取引から得る生産者余剰を求めなさい。

(3) ビスケット市場に参加している企業が C と D のみである場合，市
　　場全体の供給量を求めなさい。

(4) ビスケット市場全体の供給曲線を描きなさい。

(5) 企業全体がビスケットの取引から得る生産者余剰を求めなさい。

---

§5　市場均衡

　コーヒーの価格が 300 円であるとき，市場全体の需要量と市場全体の供給
量はともに 3 杯で一致する。このように，市場全体で需給が一致する状態を**市
場均衡**（market equilibrium）という。また，市場均衡における価格を**均衡価
格**（equilibrium price），取引量を**均衡取引量**（equilibrium quantity）という。

　図 0.5 には図 0.2 に示されたコーヒーの市場需要曲線と図 0.4 に示された
市場供給曲線の両方が同一平面上に描かれている。2 つの曲線の交点を**市場均
衡点**（equilibrium point）という。ただし，この例では価格が 200 円よりも
高く 400 円よりも低い範囲であれば，市場全体の需給はともに 3 杯となって

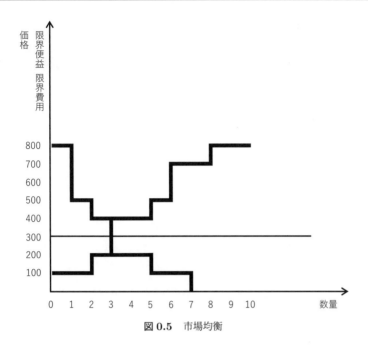

図 0.5　市場均衡

一致する。なお，2 つの「曲線」が階段状となっているのは，コーヒーの取引
単位を非負の整数値に限定しているからである。本来，コーヒーの取引単位は
1.5 杯や 180.52 ml といった具合に，任意の非負の実数値をとりうる。こうし
た性質を財の**分割可能性**（divisibility）という。財が分割可能であれば，その
市場需要曲線と市場供給曲線はよく見慣れた滑らかなそれとなる [19]。

　ところで，需要曲線上の任意の点は，ある価格水準とそのもとで消費者余剰
が最大になる需要量の組合せをあらわしていた。同じく，供給曲線上の任意の
点は，ある価格水準とそのもとで生産者余剰が最大になる供給量の組合せをあ
らわしていた。このように，経済主体が直面する制約条件のもとで自らの利益
を最大化すべく行動している状態を**主体的均衡**（subjective equilibrium）と
いう。市場均衡点では，市場全体の需給が一致すると同時に，均衡価格のもと
ですべての経済主体の主体的均衡が実現している [20]。

> **市場均衡**
>
> 市場均衡においては，市場全体の需給が一致するとともに，市場均衡価
> 格を所与としたうえで，すべての経済主体が自らにとって最適な行動を
> とっている。

[19] 消費者の限界便益と生産者の
限界費用をあらわす柱の横幅が限
りなく小さくなるので，その外郭
線は滑らかな曲線となります。

[20] あたりまえのことですが，市
場均衡点は市場需要曲線上の点で
あり，かつ市場供給曲線上の点で
もあります。

§6　均衡の安定性

いま，例えば消費者のコーヒーに対する嗜好が好転し[*21]，価格が 300 円である場合の市場全体の需要量が 5 杯に増加したとする。このとき，市場全体の供給量は 3 杯で変化がないため，コーヒー市場には 2 杯の**超過需要**（excess demand）（ないし，**過少供給**）が生じる。こうした場合，望むだけの量を購入できない消費者は，従前より高い価格であっても正の限界純便益が確保される限りは追加の取引に応じるであろう。より高い支払金額を申し出ることで望むだけの量を購入しようとする消費者間の競争によって，コーヒーの価格はしだいに上昇していくはずである。価格の上昇は供給量の増加と需要量の減少を同時にもたらしながら市場全体の需給が再び一致するまで続き，やがてコーヒー市場は新たな市場均衡に到達する。

あるいは，例えば技術進歩によって，コーヒーの価格が 300 円である場合の市場全体の供給量が 5 杯に増加したとする[*22]。このとき，市場全体の需要量は 3 杯で変化がないため，コーヒー市場には 2 杯の**超過供給**（excess supply）（ないし，**過少需要**）が生じる。こうした場合，望むだけの量を販売できない生産者は，従前より低い価格であっても正の限界利潤が確保される限りは追加の取引に応じるであろう。より低い受取金額を甘受することで望むだけの量を販売しようとする生産者間の競争によって，コーヒーの価格はしだいに下落していく。価格の下落は需要量の増加と供給量の減少を同時にもたらしながら市場全体の需給が再び一致するまで続き，やがてコーヒー市場は新たな市場均衡に到達する。

*23 フランスの経済学者ワルラス（Léon Walras）（1834–1910）にちなみます。
*24 需要曲線の形状が右下がり，かつ供給曲線のそれが右上がりである限り，市場均衡は安定的であることが知られています。詳しくは，例えば［1］芦屋（2009）の第 1 章を参照しましょう。

このように，価格を媒介として市場全体の需給が調整される仕組みを**ワルラス的調整過程**（Walrasian adjustment process）という[*23]。きわめて特殊なケースを除いて[*24]，市場には何らかの外生的ショックによって一時的に不均衡に陥っても，自ずと均衡が回復される機能が内在しているのである。

確認問題 0.3

需要曲線と供給曲線に関する次の問いに答えなさい。

(1) 需要曲線の形状が右下がりとなる理由について説明しなさい。

(2) 次の文の下線部の正誤を判定しなさい。また，誤りである場合は正しく直しなさい。

「需要曲線はある財の（a）需要量とそれに従属して決定される（b）価格の対応関係を示している。」

(3) 供給曲線の形状が右上がりとなる理由について説明しなさい。

(4) 次の文の下線部の正誤を判定しなさい。また，誤りである場合は正しく直しなさい。

「供給曲線はある財の（a）供給量とそれに従属して決定される（b）価格の対応関係を示している。」

序　文献案内

[1] 芦谷政浩（2009）『ミクロ経済学』有斐閣。

[2] 石井安憲・永田良・若田部昌澄（編著）（2007）『経済学入門（第 2 版）』東洋経済新報社。

[3] 清野一治（2006）『ミクロ経済学入門』日本評論社。

第Ⅰ部
消費者行動

第 1 講

効用最大化

本講の目標

- 消費者の目的とその制約条件について説明できる。
- 消費者の最適化問題を定式化したうえで，そこからグラフや数式を用いて効用最大化条件を導出できる。
- 消費者の最適消費量を求めることができる。

1.1 消費者の目的

消費者ないし家計と称される経済主体が財を消費することで得る主観的な満足のことを**効用**（utility）という [*1]。財の消費量と効用の対応関係を**効用関数**（utility function）という。いま，ある消費者の効用関数 U が以下のようにあらわされるとする。

$$U(x, m) = u(x) + v(m) \tag{1.1}$$

ただし，x は X 財の消費量，u は X 財の消費から得る効用，m は X 財以外のすべての財から構成される**合成財**（composite goods）の消費量，v は合成財の消費から得る効用である [*2]。

（1.1）式において，X 財の消費量 x と効用 $u(x)$ の対応関係をあらわすグラフすなわち**総効用曲線**（total utility curve）は，図 1.1 のような形状をとるものとする。このことは，（1.1）式における $u(x)$ の性質として，$u(0) = 0$ とともに，

$$0 < \frac{du(x)}{dx} \tag{1.2}$$

および

$$\frac{d^2u(x)}{dx^2} < 0 \tag{1.3}$$

[*1] 「効用」を貨幣単位（例えば，円）で表示したものが，さきに学んだ「便益」です。

[*2] 抽象的な議論が苦手な場合は，例えば X 財をビスケットと考えましょう。ただし，私たちはビスケットを食べることだけを楽しみに生きているわけではありません（お寿司やカレーも食べたいし，飲み会にも行きたいし，旅行にもでかけたい！）。そこで，ビスケット以外のすべての財をまとめて「合成財」と呼ぶことにするわけです。まさに「人はビスケットのみにて生くるにあらず」です。

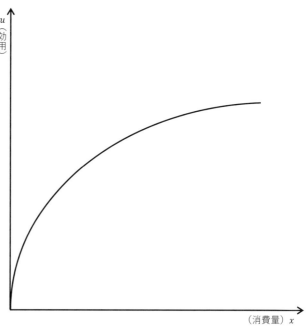

図 1.1　総効用曲線

を仮定することに等しい。なお，一般に

$$\frac{d^n y}{dx^n} \qquad (1.4)$$

は $y = f(x)$ の n 次導関数をあらわす。ここでは $n = 2$ なので，(1.3) 式の左辺は $u = u(x)$ を x で 2 回微分することで導出される [*3]。

*3 $\frac{d}{dx}\left(\frac{du(x)}{dx}\right) = \frac{d^2 u(x)}{dx^2}$ と考えればよいでしょう。

*4 ここでいう「限界的に」とは，「ほんのちょっとだけ」の専門的な言い回しです。

　(1.2) 式の右辺は，消費者が X 財の消費量を限界的に 1 単位増加させたときの効用の増分をあらわしている [*4]。これを，**限界効用**（marginal utility）という。(1.2) 式は，X 財の消費から得る限界効用，つまり $u = u(x)$ のグラフの接線の傾きが常に正であること，言い換えれば X 財の消費から得る効用 u が消費量 x の単調増加関数となることを意味している。これにより，X 財が汚染物質のように消費することで効用が低下する**負の財**（bads）（ないし，**非経済財**ともいう）である可能性が排除される。

　他方，(1.3) 式は限界効用 $du(x)/dx$ が X 財の消費水準 x が高まるにつれてしだいに小さくなることを意味している。ここでは，限界効用 $du(x)/dx$ も x の関数であることに注意しよう。このことは，図 1.1 において総効用曲線 $u = u(x)$ の接線の傾きが X 財の消費量 x に依存して変化することから明らかである。

　図 1.2 は X 財の消費量 x と限界効用 $du(x)/dx$ の関係を示している。(1.2)，(1.3) 式から，限界効用 $du(x)/dx$ のグラフは，横軸に X 財の消費量 x，縦軸に限界効用 $du(x)/dx$ をとった座標平面の第 1 象限に，右下がりの曲

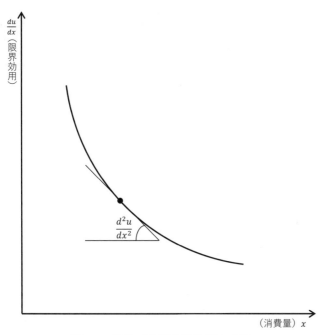

図 1.2　X 財の消費量と限界効用の関係

線として描かれる。

　ところで，(1.1) 式は消費者が X 財の消費のみならず，合成財の消費からも効用を得ることを示している。簡便化のため，合成財の価格を 1 に基準化する。これにより，合成財は**ニュメレール**（numeraire）（ないし，**価値尺度財**ともいう）として機能することになる。このような財は，しばしば「貨幣」と呼ばれる [*5]。

　ここで，貨幣保有によって間接的にもたらされる効用が

$$v(m) = m \tag{1.5}$$

であるとする [*6]。図 1.3 に示されるように，(1.5) 式のグラフは横軸に貨幣量 m，縦軸に効用 v をとった座標平面において，原点を通り傾きを 1 とする直線となる。

　(1.5) 式を (1.1) 式に代入すると，

$$U(x,m) = u(x) + m \tag{1.6}$$

となる。(1.6) 式は，2 つの独立変数 x, m のうち，後者についてのみグラフとしてあらわしたときに直線となる。このことから，こうした効用関数を**準線形**（quasi-linear）であるという [*7]。

　効用関数が (1.6) 式であらわされる場合，貨幣保有を限界的に 1 単位増加させることで生じる効用の増分，すなわち**貨幣の限界効用**（marginal utility

*5「ちょっと何言ってるかわからない」と思ったそこのあなたは，ここでいう合成財を「1 円玉」と読替えてください。1 円玉の価格は 1 ですよね？

*6 1 円玉そのものを消費することはできませんが，1 円玉でお寿司やカレーを食べたり，飲み会や旅行の費用を賄うことができるので，その保有量が多いほど間接的に効用も高くなるはずです。

*7 例えば，$U(x,m) = \sqrt{x} + m$ は準線形効用関数の最も単純な例の一つです。

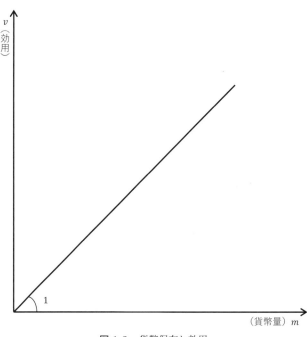

図 1.3 貨幣保有と効用

of money）は

$$\frac{\partial U(x,m)}{\partial m} = \frac{\partial [u(x)+m]}{\partial m} = 1 \qquad (1.7)$$

*8 ∂ は偏微分の記号です。効用 U は x と m の 2 つの変数の関数ですが，$\frac{\partial U(x,m)}{\partial m}$ は「x は定数とみなして，U を m で微分しなさい」という意味です。

*9 X 財の限界効用は逓減する一方で，貨幣のそれを一定と仮定することは奇妙に思えるかもしれません。とりあえず，ここでは「人間の貨幣に対する欲望は，飽きることがないのだ」と思うことにしましょう。

*10 例えば，ビスケットを 10 枚消費することで，効用が 500 単位増加したとします。効用関数が (1.6) 式であらわされるならば，この 500 単位の効用はビスケットを 10 枚消費するかわりに，1 円玉を 500 枚保有することでも得ることができます。そうであれば，「ビスケットを 10 枚消費することで，500 円分の効用を得た」と表現してもよいはずです。

となるから *8，貨幣量 m には依存せずに一定となる *9。貨幣の限界効用が 1 であるということは，貨幣を追加で 1 単位保有することで効用も同じく 1 単位増加することを意味するので，消費者の効用 U は貨幣単位（例えば，円）であらわされる *10。貨幣単位で表示された効用を**便益**（benefit）（ないし，**貨幣単位の効用**）という。また，ある財の消費を限界的に 1 単位増加させることでもたらされる便益の増分を**限界便益**（marginal benefit）という。もっとも，ここでは消費者の効用関数が (1.6) 式であらわされると仮定しているため，効用はただちに貨幣単位で表示される。ゆえに，「効用」と「便益」という用語を互いに区別する必要はない。効用関数の準線形性はきわめて強い仮定ではあるが，それを仮定することで消費者行動をより簡便に描写できるようになる。

確認問題 1.1

次の関数を x について微分しなさい。

(1) $y = 2x + 10$
(2) $y = -\frac{1}{2}x^2 + 2x + 10$
(3) $y = 2\sqrt{x}$
(4) $y = \frac{1}{x}$

確認問題 1.2

消費者の効用関数が $U = \sqrt{x} + m$ であらわされるとする。ただし，x はビスケットの消費量，m は貨幣保有量である。

(1) 効用関数 U を x について偏微分しなさい。
(2) 効用関数 U を m について偏微分しなさい。
(3) ビスケットの限界効用が逓減することを示しなさい。

1.2　効用最大化問題

　消費者は自らの所得として貨幣を y だけ保有している。消費者は所得の一部を使って X 財を購入し，残りは貨幣のまま保有する。ゆえに，消費者が直面する**予算制約**（budget constraint）は

$$y = m + p \cdot x \tag{1.8}$$

とあらわせる。ただし，p は X 財の価格である。消費者が合理的であれば，(1.8) 式であらわされる予算制約のもとで，(1.6) 式であらわされる効用を最大化するように自らの消費計画を決定するはずである[*11]。

消費者の目的

　　消費者は予算制約のもとで自らの効用の最大化を図る。

　ところで，無数の経済主体が財を売買する十分に規模の大きな市場においては，個々の経済主体の取引量は市場全体の取引量に比較して無視できるほど小さい。そのため，個々の経済主体の行動が市場全体の需給，ひいては両者が一

[*11] ここでいう「消費計画」とは，具体的には X 財の消費量と貨幣保有量（言い換えれば，合成財の消費量）の組合せのことです。消費計画を「消費ベクトル」や「消費バンドル」ということもあります。ちなみに，「バンドル」（bundle）とは「束」とか「かたまり」といった意味です。

*12 「所与」とは数学の用語でいえば定数ということです。

*13 私は仕事をする時にコーヒーが手離せないので、学会前や学期末などの繁忙期には大量のコーヒーを消費します。しかし、私がいくら大学生協でコーヒーを買い込んでも、それによってコーヒーの価格が上がることはありません。なぜなら、私のコーヒーの消費量はコーヒー市場全体の規模からみれば無視できるほど小さいからです。つまり、私はコーヒー市場において価格受容者ということになります。

致する水準で決定される財の均衡価格に影響を及ぼすことはない。こうした市場を**競争市場**（competitive market）という。また、競争市場において価格を所与として行動する経済主体のことを**価格受容者**（price taker）という[*12]。当面のあいだ、すべての経済主体は価格受容者であると仮定する[*13]。

> ── 価格受容者の仮定 ──────────────
> 　競争市場においてすべての経済主体は価格受容者として行動する。

(1.8) 式を (1.6) 式に代入すると、

$$U(x) = u(x) - p \cdot x + y \tag{1.9}$$

となる。価格受容者である消費者にとって、価格 p は所与である。また、ここでは所得 y も外生的に決定され、消費者にとっては所与とする。ゆえに、消費者が最大化すべき目的関数 U は、X 財の消費量 x のみの関数となる。

　(1.9) 式の右辺第 1 項は X 財の消費から得られる**総便益**（total benefit; NB）、同じく第 2 項はそれを実現するための費用（以下、消費費用）をあらわすから、両者の差である

$$u(x) - p \cdot x \equiv NB \tag{1.10}$$

は、消費者が X 財の消費から得る正味の満足の程度の貨幣価値をあらわしている。これを X 財を消費することの**純便益**（net benefit）という。

　図 1.4 上パネルには、横軸に X 財の消費量 x、縦軸に総便益 u と消費費用 c をとった同一の座標平面に、X 財の総便益曲線 $u = u(x)$ および消費費用曲線 $c = p \cdot x$ の 2 つのグラフが描かれている[*14]。ここで、X 財の価格が $p = p_0$ であるとする。このことから、図 1.4 上パネルに描かれた消費費用曲線 c は、原点を通り傾きを p_0 とする直線となる。

　(1.10) 式から、X 財の消費から得られる純便益 NB の大きさは、図 1.4 上パネルに示された X 財の総便益曲線 $u = u(x)$ と消費費用曲線 $c = p \cdot x$ のあいだの垂直距離であらわされる。そこで、横軸に X 財の消費量 x、縦軸に純便益 NB をとった座標平面に、純便益関数 $NB = NB(x)$ のグラフを描いたのが図 1.4 中パネルである。

　(1.10) 式から、純便益関数 $NB = NB(x)$ が極大値をとるための条件は、

$$\begin{aligned}
\frac{dNB}{dx} = \frac{d[u(x) - p \cdot x]}{dx} &= 0 \\
\Leftrightarrow u'(x) - p &= 0 \\
\Leftrightarrow p &= u'(x)
\end{aligned} \tag{1.11}$$

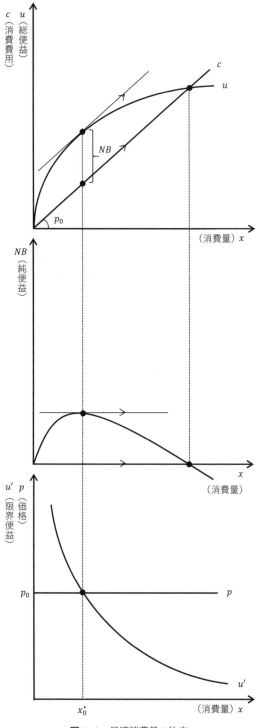

図 1.4　最適消費量の決定

である[*15]。さらに，(1.11) 式に X 財の価格 p_0 を代入すると，

$$p_0 = u'(x) \tag{1.12}$$

*15 関数 $f(x)$ が極大値をとるための必要条件は，$f(x)$ のグラフの接線の傾きがゼロになること，すなわち $f'(x) = 0$ です。

となる。

　(1.9) 式において所得 y は所与である。ゆえに，(1.12) 式を満たす X 財の消費量 x_0^* は，消費者が X 財の消費から得る純便益 NB のみならず，効用 U も最大化する。このことから，x_0^* を消費者の**最適消費量**（optimal consumption）という[16]。なお，(1.12) 式から，図 1.4 上パネルにおいて最適消費量 x_0^* における総便益曲線 $u = u(x)$ の接線は，消費費用曲線 $c = p_0 \cdot x$ と平行になる。

　ところで，ある財の追加的な消費によって得られる限界便益から，それを実現するための消費費用（いわば，限界消費費用）を差し引いた正味の限界便益を**限界純便益**（marginal net benefit）という。ここでは，価格 p_0 のもとで消費者が X 財の消費から得る限界純便益は $u'(x) - p_0$ である。(1.11) 式から，消費者の最適消費量は，消費の限界純便益がゼロとなるようなそれであると言い換えることもできる。消費の限界純便益は図 1.4 中パネルに描かれた純便益曲線の接線の傾きであらわされることに注意しよう[17]。

> **効用最大化条件**
>
> 消費者は消費の限界便益が価格と等しくなるように財の消費量を決定する。

> **確認問題 1.3**
>
> **確認問題 1.1**（2）の関数が最大値をとる x を求めなさい。

[16] 図 1.4 中パネルに描かれた上に凸のグラフが二次関数であれば，平方完成することで頂点の x 座標，すなわち最適消費量を求めることができます。しかし，このグラフが二次関数であるとは限らないので，問題が少しややこしくなっているのです。なお，厳密にいうと関数 $f(x)$ が極大値をとるためには，十分条件として $f''(x) < 0$ をも満たす必要があります。ここでは，$u(x)$ に関する仮定から，

$$\frac{d^2 NB}{dx^2} = u''(x) < 0$$

となることが確認できます。

[17] ここまでの説明は，高校数学で学んだ関数の極値問題についての知識を総動員しています。きちんと学びたい方には，［5］尾山・安田（2013）や，［10］チャン・ウエインライト（2020）などをおすすめします。

確認問題 1.4

あなたは某大学で教鞭をとる経済学の教員です。ある日の講義で消費者の最適化行動について説明したあと，履修者から回収したコメントシートに以下のような記述を見つけました。あなたはこの履修者にどのような回答をすればよいでしょうか。

「『消費者は限界便益が価格と等しくなるように自らの消費量を決定する』とかいいますが，私は自分が買い物をするときにそんなことを考えたことは一度もありません。ましてや，今日習ったことが本当ならば微分を習っていない小中学生は最適化行動なんてとれっこないじゃないですか。こんなことをたいそうらしく論じている経済学って，なんだかとてもナンセンスな気がします。」

第 2 講

需要曲線と消費者余剰

本講の目標

- 消費者の最適化行動から個別需要曲線が導出される過程について説明できる。
- 個別需要曲線から市場需要曲線を導出できる。
- 消費者余剰の概念についてグラフや数式を用いて説明できる。

2.1 個別需要曲線

（1.11）式の逆関数を求めることで，消費者の効用最大化条件は

$$x = u'^{-1}(p) \tag{2.1}$$

とあらわすこともできる [*1]。(2.1) 式は，消費者の最適消費量が価格の関数であることをより明示的にあらわしている。これを**個別需要関数**（individual demand function）という。それに対して，(1.11) 式は需要関数の元の関数（逆関数をとる前の関数）であり，これを**逆需要関数**（inverse demand function）という [*2]。(2.1) 式は，財の価格 p が与えられれば，それに応じて個別消費者の需要量 x が定まるという因果関係をあらわしている。ちなみに，こうした変数間の関係を，**独立変数**（independent variable）（ないし，**説明変数**ともいう）が価格 p で，**従属変数**（dependent variable）（ないし，**被説明変数**ともいう）が需要量 x であると表現する [*3]。

図 1.4 下パネルには，限界便益曲線 $u' = u'(x)$ および X 財の価格を示す**価格線**（price line） $p = p_0$ の 2 つのグラフが描かれている。$u(x)$ についての $0 < u'(x)$，および $u''(x) < 0$ との仮定から，限界便益曲線 $u' = u'(x)$ は座標平面の第一象限に右下がりの曲線として描かれる。(1.11) 式から，消費者の効用を最大化する最適消費量は，限界便益曲線 $u' = u'(x)$ と価格線 $p = p_0$ の交点に対応する生産量 x_0^* となる。縦軸上に価格が与えられると横軸上で対応

[*1] ざっくりいうと，元の関数 $y = f(x)$ を x について解いた関数を逆関数といい，しばしば f^{-1} と表記します。「マイナス 1 乗」という意味ではありませんので注意しましょう。(1.11) 式を $x = \bigcirc$ のかたちに整理しただけですから，難しく考える必要はまったくありません。もっとも，逆関数が常に存在するとは限りません。詳しくは，［10］チャン・ウエインライト（2020）などを参照しましょう。

[*2] 元の関数の方を逆需要関数というのは何とも紛らわしいのですが，逆関数の逆関数は元の関数なのです。

[*3] 独立変数が「原因」，従属変数が「結果」にあたります。

する消費者の需要量が定まるので，（1.11）式のグラフすなわち限界便益曲線
を**個別需要曲線**（individual demand curve）ともいう [*4]。つまり，一般に需
要曲線と呼ばれている右下がりの曲線は，厳密には需要関数のグラフではなく
逆需要関数のそれである。

　横軸に数量，縦軸に価格をとった座標平面に需要・供給曲線を描く経済学の
慣習は [*5]，横軸に独立変数，縦軸に従属変数をとる数学の標準的なそれとは一
見合致しない。しかし，図 1.4 下パネルの縦軸には，価格とともに消費者の限
界便益がとられている。個別需要曲線を独立変数である財の需要量と従属変数
である消費の限界便益の対応関係をあらわすグラフと解釈すれば，横軸に独立
変数，縦軸に従属変数をとる数学の標準的なスタイルと何ら矛盾しない。

　消費の限界便益は財の消費量を限界的に 1 単位増やすために消費者が支払っ
てもよいと考える金額の上限にほかならないことから，消費者の**限界支払意思
額**（marginal willingness to pay）とも呼ばれる [*6]。つまり，個別需要曲線上
の任意の点と横軸のあいだの垂直距離は，消費者の限界支払意思額をあらわす
のである。合理的な消費者は自らの限界支払意思額が限界消費費用すなわち価
格を上回る限り X 財を需要するはずである。

> **個別需要曲線**
>
> 個別需要曲線は限界便益曲線そのものであり，曲線上の任意の点と横軸
> のあいだの垂直距離は消費者の限界支払意思額をあらわす。

　図 2.1 には，ある消費者にとっての X 財の個別需要曲線が描かれている。
ここでは，（1.11）式における u' を d に置き換えることにしよう [*7]。X 財の
価格が p_0 から p_1 に上昇すると，消費者の最適消費量は x_0^* から x_1^* に減少す
る。反対に，価格が p_1 から p_0 に下落すれば，消費者の最適消費量は x_1^* か
ら x_0^* に増加する。他の要因が一定のもとで，財の価格が上昇（下落）すると
需要量が減少（増加）するという因果関係を**需要法則**（law of demand）とい
う [*8]。

> **需要法則**
>
> 他の要因が一定のもとでは，財の価格が上昇するにつれて需要量は減少
> する。

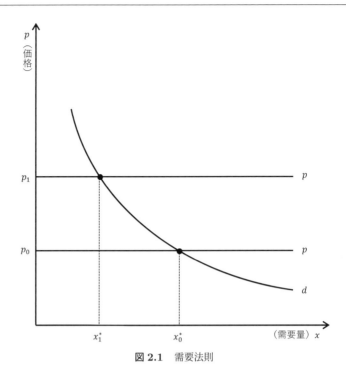

図 2.1　需要法則

確認問題 2.1

　ある消費者の効用関数が

$$U(x,\ m) = 2\sqrt{x} + m$$

であらわされる。ただし, x は X 財の消費量, m は貨幣保有量である。この消費者は価格受容者として行動するものとする。

(1) X 財の価格を p, 所得を y として, 消費者の予算制約式を求めなさい。

(2) X 財の個別需要関数を求めなさい。

2.2　消費者余剰

　X 財の価格を p_0 とする。当初, 消費者は所得として貨幣を y だけ保有するのみで, X 財の消費量はゼロである。(1.9) 式および $u(0) = 0$ から, このとき消費者は貨幣保有から

$$U(0) = u(0) - p_0 \cdot 0 + y = y \tag{2.2}$$

だけの純便益を得ている。他方，X 財を x_0^* だけ消費した場合，消費者は X
財の消費と貨幣保有の両方から

$$U(x_0^*) = u(x_0^*) - p_0 \cdot x_0^* + y \qquad (2.3)$$

だけの純便益を得る。(2.2)，(2.3) 式から，X 財の取引によって消費者が享受
する純便益の増分は，両者の差である

$$\Delta U = U(x_0^*) - U(0) = [u(x_0^*) - p_0 \cdot x_0^* + y] - y$$
$$= u(x_0^*) - p_0 \cdot x_0^* \equiv CS \qquad (2.4)$$

となる [*9]。(2.4) 式の右辺第 1 項は X 財を x_0^* だけ消費することで得られる
総便益，右辺第 2 項はそれを実現するための消費費用をあらわしている。両
者の差は消費者が X 財の取引から得る正味の利益であることから，これを**消
費者余剰**（consumer surplus; CS）という。消費者余剰はある財を取引するこ
とで消費者が享受する利益を貨幣単位であらわしたものである。

> **消費者余剰**
>
> 消費者がある財の取引によって得る純便益の増分を消費者余剰という。

　消費者余剰を図示しよう。説明の簡単化のために，図 2.2 に示されるように
個別需要曲線が直線であらわされるとする。個別需要曲線上の任意の点と横軸
のあいだの垂直距離は消費の限界便益をあらわしていたから，X 財を x_0^* だけ
消費することで得られる総便益は，X 財の消費量をゼロから x_0^* まで増加さ
せることで得られる限界便益をすべて足し合わせることで算出される。ゆえ
に，その大きさは図 2.2 における □AEBO の面積であらわされる [*10]。これ
が，(2.4) 式の右辺第 1 項である。他方，長方形の面積の公式から，消費費用
$p_0 \cdot x_0^*$ は □BOCE の面積であらわされる。これが，(2.4) 式の右辺第 2 項
である。消費者余剰は両者の差であるから，その大きさは △ACE の面積とな
る。一般に，消費者余剰は個別需要曲線の左方，価格線の上方，および縦軸の
右方で形成される領域の面積であらわされる。なお，積分法による消費者余剰
の一般的な表現については，本講の補論において説明される。

> **消費者余剰の幾何学的解釈**
>
> 消費者余剰は需要曲線の左方，価格線の上方，および縦軸の右方で形成
> される領域の面積であらわされる。

*9 Δ は「デルタ」と読み，アル
ファベットの D に相当するギリ
シャ文字です。数学記号として用
いられる場合には差分をあらわ
しますので覚えておきましょう。
"Difference" の D です。

*10 ざっくりいうと，こうした数
学的操作を定積分といいます。詳
しくは，本講の補論を参照のこと。

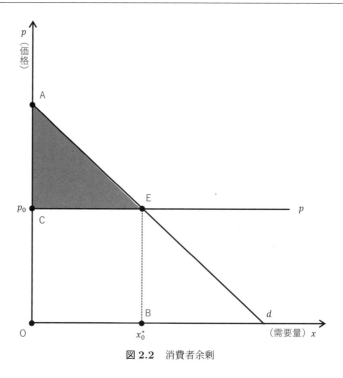

図 2.2　消費者余剰

2.3　市場需要曲線

　財の価格が与えられれば，それに応じて個別消費者の需要量が定まる。両者の対応関係を個別需要関数というのであった。それに対して，財の価格と市場全体の需要量の対応関係を**市場需要関数**（market demand function）という。

　任意の価格 p_k のもとでの消費者 i の X 財の需要量を $x_k^i = d^i(p_k)$ とあらわそう。X 財の市場全体にわたる需要の総量 $D(p_k)$ は，市場に参加しているすべての消費者の需要量を合計したものにほかならない。すなわち，

$$D(p_k) = \sum_{i=1}^{n} d^i(p_k) \tag{2.5}$$

である。ただし，$D(p_k)$ は価格 p_k のもとでの市場全体の需要量，$d^i(p_k)$ は価格 p_k のもとでの消費者 i の需要量，n は市場に参加している消費者の数である[*11]。

*11 $\sum$（シグマと読む）は足し算をあらわす数学記号です。ここでは $d^1(p_k)+d^2(p_k)+\cdots d^n(p_k)$ となるところ，$\sum$ を使って格好良く書いているだけです。要はある価格水準のもとでの個別消費者の需要量を全員分足し算するといっているだけですから，難しく考えないようにしましょう。

　説明の簡単化のために，ここでは X 財の市場に「消費者 1」と「消費者 2」の 2 人の消費者のみが参加しているとしよう。図 2.3 左パネルには消費者 1 の個別需要曲線，同中パネルには消費者 2 の個別需要曲線がそれぞれ描かれている。各消費者の個別需要曲線から，価格と市場全体の需要量の関係を読み取ることができる。例えば，(1) 価格が p_0 の場合，図 2.3 左パネルから消費者 1 の需要量は x_0^1，同中パネルから消費者 2 のそれは x_0^2 となることがわかる。ゆえに，市場全体の需要量は両者の合計である $x_0^1 + x_0^2$ である。そこで，図

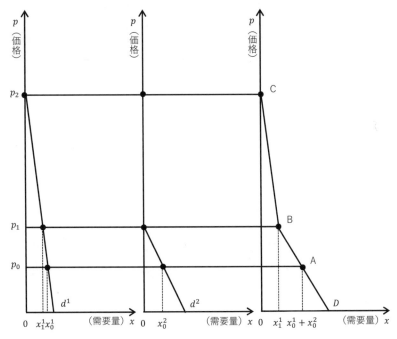

図 2.3　市場需要曲線の導出

2.3 右パネルに示されるような横軸に需要量 x，縦軸に価格 p をとった座標平面に，点 A $(x_0^1 + x_0^2, p_0)$ を描示する。(2) 価格が p_1 の場合，同じように消費者 1 の需要量は x_1^1，消費者 2 のそれはゼロとなることがわかる。ゆえに，市場全体の需要量は x_1^1 である。そこで，図 2.3 右パネルに示される座標平面に点 B (x_1^1, p_1) を描示する。(3) 価格が p_2 の場合，同じように消費者 1 と消費者 2 の需要量はともにゼロとなることがわかる。ゆえに，市場全体の需要量もゼロとなる。そこで，図 2.3 右パネルに示される座標平面に点 C $(0, p_2)$ を描示する。最後に，図 2.3 右パネルに示される座標平面において，点 B から点 A を通り横軸に達する線分および点 B と点 C を結ぶ線分を描く。こうした作業を個別需要曲線の**水平和**（horizontal sum）をとる（ないし，水平方向に足し合わせる）という。図 2.3 右パネルに描かれた右下がりの直線は，所与の価格水準と市場全体の需要量の対応関係をあらわしていることから，X 財の**市場需要曲線**（market demand curve）にほかならない。

　ここでは，X 財の市場には 2 人の消費者しか参加しておらず，また個別需要曲線が直線であらわされるとしたことから，図 2.3 右パネルに描かれた市場需要曲線の形状は折れ線になっている。一般には，市場には無数の消費者が存在し，また個別需要曲線も直線ではなく滑らかな曲線であらわされる。すると，市場に参加しているすべての消費者について個別需要曲線の水平和をとることで導出される市場需要曲線の形状は，（折れ線ではなく）よく見慣れた滑らかな曲線となる。個別需要曲線の形状が右下がりであるならば，市場需要曲線の

それも必ず右下がりとなる。

> **市場需要曲線**
>
> 市場需要曲線は個別需要曲線の水平和をとることで導出される。

市場全体の消費者余剰 CS は，個別消費者の消費者余剰の市場全体での総和となる。すなわち，

$$CS(p_k) = \sum_{i=1}^{n} CS^i(p_k) \tag{2.6}$$

である。ただし，CS^i は消費者 i の消費者余剰である。市場全体の消費者余剰 CS は，市場需要曲線の左方，価格線の上方，および縦軸の右方で形成される領域の面積であらわされる。

確認問題 2.2

　次の図にはビスケット市場に参加している個人 A と個人 B の個別需要曲線が描かれている。ビスケット市場にはこの 2 人の消費者だけが参加している。

(1) ビスケットの価格が 6 のとき，市場全体の需要量を求めなさい。

(2) 市場需要曲線を図示しなさい。

(3) (1) のとき，ビスケット市場全体の消費者余剰を求めなさい。

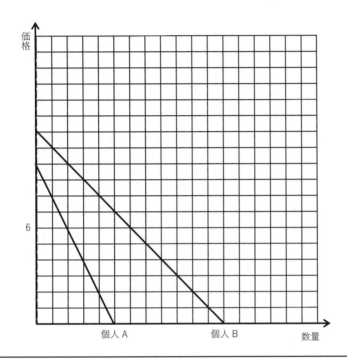

補論 ★　積分法による消費者余剰の一般的な表現

$u(0) = 0$ であることに注意すると，（2.4）式は

$$CS = \Delta U = U(x_0^*) - U(0) = u(x_0^*) - u(0) - p_0 \cdot x_0^* \qquad (2.7)$$

のように変形できる。ここで，微分積分学の基本定理から

$$u(x_0^*) - u(0) = \int_0^{x_0^*} u'(x)dx$$

が成立することを用いると [12]，（2.7）式はさらに以下のように変形できる。

$$CS = \int_0^{x_0^*} u'(x)dx - p_0 \cdot x_0^* \qquad (2.8)$$

ただし，p_0 は X 財の価格，x_0^* は最適消費量，u' は限界便益関数（逆需要関数）である。（2.8）式の右辺第 1 項は消費者が X 財を x_0^* だけ消費することで得られる総便益，右辺第 2 項はそのために必要な消費費用をあらわしている。

　横軸に数量，縦軸に価格をとった座標平面に消費者余剰を図示しよう。X 財を x_0^* だけ消費することで得られる総便益 $\int_0^{x_0^*} u'(x)dx$ は，図 2.2 における □$AEBO$ の面積であらわされる。他方，消費費用 $p_0 \cdot x_0^*$ は □$BOCE$ の面積であらわされる。ゆえに，消費者余剰は両者の差，すなわち △ACE の面積であらわされる。

[12] $F'(x) = f(x)$ とすると，一般に

$$\int_b^a f(x)dx = F(a) - F(b)$$

が成立します。これを微分積分学の基本定理といいます。「高校のとき文系だったんで，積分は習っていません！（キリッ）」という方は，とりあえずわからなくても大丈夫です。ただ，ざっくりいうと，(1) 積分は微分の逆の数学的操作で，(2) 座標平面に関数のグラフで形成される領域の面積を求めることができるということは知っておきましょう。

第 3 講 ★

消費者理論の一般化に向けて

> **本講の目標**
> - 消費者の選好を無差別曲線から読み取ることができる。
> - 効用についてのより一般的な仮定のもとで，消費者の最適化行動について説明できる。
> - 効用についてのより一般的な仮定のもとで需要曲線を導出できる。

3.1　無差別曲線

　図 3.1 に描かれた右下がりの曲線 U_0 は，消費者に同じ効用（ここでは，U_0）を与える X 財の消費量 x と貨幣保有量 m の組合せをあらわす点の軌跡である。これを**無差別曲線**（indifference curve）という [*1]。無差別曲線は効用の等高線にほかならないので [*2]，本来はそれぞれの効用水準に対応して同一座標平面に無数に描示しうる [*3]。また，その定義から無差別曲線は互いに交わることはない。

　無差別曲線の性質として，次の 2 つは重要である。すなわち，(1) 無差別曲線の形状は右下がりで原点に対して凸であり，(2) 座標平面の北東方向に位置する無差別曲線ほどより高い効用に対応する。例えば，X 財の消費量が x_0，貨幣保有量が m_0 という消費計画のもとで，消費者は U_0 の効用を得るとする。図 3.1 に示された座標平面において，この消費計画 (x_0, m_0) は点 A であらわされる。いま，貨幣保有量が m_0 で不変のまま，X 財の消費量が x_0 から x_1 に減少したとしよう。図 3.1 に示された座標平面において，この消費計画は点 B であらわされる。X 財の消費は消費者に正の効用をもたらすので，その消費量の減少は効用を U_0 から低下させる。この新たな消費計画 (x_1, m_0) のもとで消費者が得る効用を U_1 としよう（$U_1 < U_0$）。消費者が当初の効用 U_0 を回復するためには，X 財の消費量の減少にともなう効用の低下を補うために貨幣保有量は増加しなければならないはずである。X 財の消費量が x_1 で

*1 無差別曲線の「無差別」とは，消費者にとって消費計画が同等に好ましい，つまり違いがない (indifferent) という意味です。日本語としては不自然きわまりないのですが · · ·。

*2 ただし，後述する「序数的効用」の概念を前提とすれば，標高（効用）の水準そのものには意味がないことになります。

*3 もっとも，ふつうはそういうことはしません。なぜなら，見にくいからです。地図の等高線も一定の高度間隔で描かれますよね？

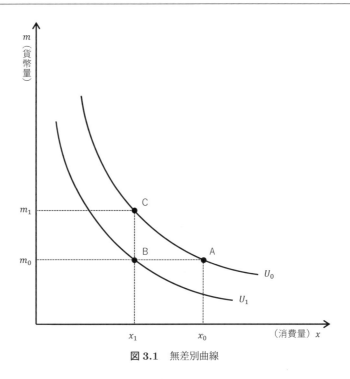

図 3.1　無差別曲線

ある場合に効用 U_0 をもたらす貨幣保有量が m_1 であるとすると $(m_0 < m_1)$，図 3.1 に示された座標平面において，この消費計画 (x_1, m_1) は点 C であらわされる。点 A であらわされる消費計画と点 C であらわされるそれは同じ効用 U_0 をもたらすので，2 点はともに同一の無差別曲線上に位置しなければならない。ゆえに，無差別曲線の形状は右下がりの曲線となる。また，U_0 と U_1 の位置関係から，座標平面の北東方向に位置する無差別曲線ほどより高い効用水準に対応することがわかる。

> **無差別曲線**
>
> 消費者に同じ効用をもたらす消費計画の軌跡を無差別曲線という。

> **確認問題 3.1**
>
> 無差別曲線が互いに交わらないことを背理法によって証明しなさい。

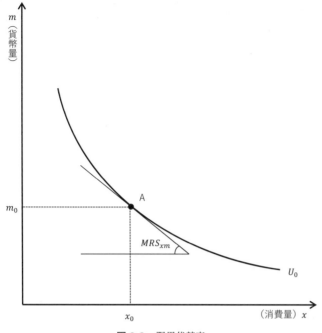

図 3.2　限界代替率

3.2　限界代替率

　図 3.2 には，ある消費者の無差別曲線が描かれている。点 A における無差別曲線の接線の傾きの絶対値は，X 財の消費量を x_0 から限界的に 1 単位増加させることと等価となる貨幣量をあらわす*4。これを貨幣で測った X 財の**限界代替率**（marginal rate of substitution; MRS）という。このことは，X 財のように横軸上にとった財を第 1 財，貨幣のように縦軸上にとった財を第 2 財と呼ぶことにすると，より一般的に以下のようにまとめられる。

> ─**限界代替率**─────────────────
> 　ある消費者にとって第 1 財の消費量を限界的に 1 単位増加させることと等価となる第 2 財の消費量を第 2 財で測った第 1 財の限界代替率といい，その大きさは無差別曲線の接線の傾きの絶対値に等しい。

　X 財の消費量の低下を貨幣保有量（つまり，合成財の消費量）の増加によって相殺することを考えよう。貨幣保有量を限界的に 1 単位増加させると，消費者の効用は $\partial U(x, m)/\partial m$ だけ増加する。一方，X 財の消費量を限界的に 1 単位減少させると，効用は $\partial U(x, m)/\partial x$ だけ低下する。この効用の低下を貨幣保有量の増加によって相殺するために必要な貨幣量を MRS_{xm} とあらわ

*4 ここでいう「等価」とは，消費者の効用が変わらないという意味です。なぜなら，X 財の消費量をちょっとだけ増やすことで効用が高まっても，その対価として貨幣量が減少して効用が低くなるので，結局は差し引きゼロとなって元の無差別曲線上に戻ってくるからです。

すと，両者の比例関係から

$$1 : \frac{\partial U(x,\,m)}{\partial m} = MRS_{xm} : \frac{\partial U(x,\,m)}{\partial x}$$

$$\Leftrightarrow MRS_{xm} = \frac{\partial U(x,\,m)/\partial x}{\partial U(x,\,m)/\partial m} \tag{3.1}$$

を得る。その定義から，MRS_{xm} は貨幣で測った X 財の限界代替率にほかならず，それは無差別曲線の接線の傾きの絶対値に等しい。

　(3.1) 式から，貨幣で測った X 財の限界代替率（左辺）は，X 財の限界効用と貨幣の限界効用の比（右辺）に等しくなることがわかる。このことは，X 財のように横軸上にとった財を第 1 財，貨幣のように縦軸上にとった財を第 2 財と呼ぶことにすると，より一般的に以下のようにまとめられる。なお，全微分による限界代替率の導出については，本講の補論において説明される[5]。

> **限界代替率と限界効用の関係**
>
> 第 2 財で測った第 1 財の限界代替率は，第 1 財の限界効用と第 2 財の限界効用の比に等しい。

　図 3.2 に示された無差別曲線の接線の傾きの絶対値は，X 財の消費水準が高まるにつれてしだいに小さくなる。無差別曲線の接線の傾きの絶対値は貨幣で測った X 財の限界代替率 MRS_{xm} に等しいので，これを**限界代替率逓減の法則**（law of diminishing marginal rate of substitution）という。第 2 財で測った第 1 財の限界代替率とは，消費者にとって第 1 財の消費量を限界的に 1 単位だけ増加させることと等価となる第 2 財の消費量にほかならなかった。そのため，限界代替率逓減の法則の直観的な意味は，第 1 財の消費水準が高まるにつれて消費者がその消費に飽きるという単純なものである。限界代替率が逓減するのであれば，自ずと無差別曲線の形状は原点に対して凸となる。

> **限界代替率逓減の法則**
>
> 第 1 財の消費水準が高まるにつれて，第 2 財で測った第 1 財の限界代替率は逓減する。

　(1.6) 式から，ここでは $\partial U(x,\,m)/\partial x = u'(x)$, $\partial U(x,\,m)/\partial m = 1$ である。これを (3.1) 式に代入すると，

$$MRS_{xm} = \frac{\partial U(x,\,m)/\partial x}{\partial U(x,\,m)/\partial m} = \frac{u'(x)}{1}$$
$$= u'(x) \tag{3.2}$$

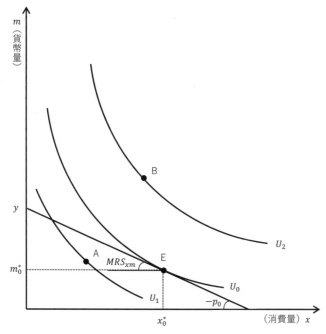

図 **3.3**　消費者の効用最大化

となる。つまり，効用関数が準線形である場合には，貨幣で測った X 財の限界代替率は貨幣保有量 m に依存しない。限界代替率は無差別曲線の接線の傾き（の絶対値）に等しいので，このことは対応する効用水準に関わらず無差別曲線がすべて同じ形状をしていて，互いに垂直方向に平行移動した位置関係にあることを意味する [*6]。

3.3　最適消費計画

消費者の直面する予算制約をあらわす（1.8）式を変形すると，

$$y = p \cdot x + m$$
$$\Leftrightarrow m = -p \cdot x + y \tag{1.8'}$$

となる。いま，X 財の価格が p_0 であるとする。図 3.3 に示されるように，横軸に X 財の消費量，縦軸に貨幣保有量 m をとった座標平面において，（1.8'）式のグラフは傾きを $-p_0$，切片を y とする直線となる。これを**予算制約線**（budget constraint line）ないし**予算線**（budget line）という。予算線の内側，すなわち $p_0 \cdot x + m \leq y$ を満たす消費計画の集合は消費者が選択可能なそれであり，**予算集合**（budget set）ないし**消費可能集合**（consumption possibility set）という。

図 3.3 には同一の座標平面に消費者の無差別曲線と予算線が示されている。

*6　（3.1）式からわかるように，効用関数が準線形でない一般的なケースでは，限界代替率（無差別曲線の接線の傾きの絶対値に等しい）は第 1 財の消費水準のみならず第 2 財の消費水準にも依存します。ゆえに，異なる効用水準に対応する無差別曲線は同じ形状にはなりません。

予算線の内側，例えば点 A であらわされる消費計画は，所得 y のもとで実現可能である。このとき，消費者の効用は U_1 となる。しかし，消費者は点 A ではなく予算線上の点 E であらわされる消費計画を選択することで，U_1 よりも高い U_0 の効用を得ることができる。他方，予算線の外側，例えば点 B であらわされる消費計画は，U_0 よりも高い U_2 の効用をもたらすものの，所得 y のもとでは実現不可能である。結局，無差別曲線と予算線の接する点 E があらわす消費計画が予算制約のもとで消費者の効用を最大化するそれであり，ゆえに X 財の最適消費量は x_0^* となる。

　図 3.3 の点 E においては，無差別曲線と予算線が接している。このことは，無差別曲線の接線の傾きの絶対値すなわち限界代替率と予算線の傾きの絶対値が一致することを意味する。(1.8')，(3.2) 式より，ここでは

$$p = u'(x) \tag{3.3}$$

である。(3.3) 式は X 財の逆需要関数にほかならない。

　いま，X 財の価格は p_0 であり，価格受容者である消費者にとっては所与なので，消費者は (3.3) 式の両辺のあいだに等号が成立するように X 財の消費量を決定すればよい。つまり，

$$p_0 = u'(x_0^*) \tag{3.4}$$

を満たす x_0^* が消費者の最適消費量である。

```
┌─ 最適消費計画 ──────────────────────────────
│
│  消費者は限界代替率が予算線の傾きの絶対値に等しくなるように自らの
│  消費計画を決定する。
│
└─────────────────────────────────────────────
```

3.4　個別需要曲線

　図 3.4 には無差別曲線を用いた個別需要曲線の導出過程が示されている。図 3.4 上パネルは，X 財の価格 p の変化が消費者の最適消費量に及ぼす影響を示している。予算線の傾きは $-p$，切片は y であることに注意すると，X 財の価格 p が，p_0，p_1，さらには p_2 へと低下するにつれて，消費者の最適消費量がそれぞれ x_0^*，x_1^*，さらには x_2^* へと増加することがわかる。無差別曲線と予算線の接点である点 E_0，E_1，および E_2 を結んだ曲線を**価格消費曲線** (price-consumption curve) という。

　横軸に X 財の消費量 x，縦軸に価格 p をとった座標平面に，図 3.4 上パネルから読み取れる X 財の価格と消費者の最適消費量の対応関係を描示すると，

図 3.4 下パネルのようになる。この右下がりの曲線こそ，X 財の個別需要曲線にほかならない。

　（3.3）式から，ここでは図 3.4 下パネルに描かれた個別需要曲線は限界便益曲線そのものである。また，所得 y の増加は予算線を傾き一定のまま上方に平行シフトさせることで消費者により高い効用をもたらすものの，新たに接する無差別曲線は元のそれを上方に平行移動したものなので，消費者の X 財の需要量には影響しない。その理由は，消費者の最適化条件をあらわす（3.3）式をみれば明らかであろう。準線形の効用関数を仮定すると，所得の変化は財の需要量に影響しないのである [*7]。

*7 このことは，あくまで準線形という特殊な効用関数を仮定することから導かれることに注意しましょう。

確認問題 3.2

　ある消費者の効用関数が

$$U(x, m) = 2000\sqrt{x} + m$$

であらわされる。ただし，x は X 財の消費量，m は貨幣保有量である。

(1) X 財の貨幣で測った限界代替率を求めなさい。

(2) X 財の価格が 100 のとき，この消費者の X 財の需要量を求めなさい。

確認問題 3.3

　ある消費者が予算制約 $y = p_1 x_1 + p_2 x_2$ のもとで，効用関数

$$u(x_1, x_2) = x_1^a x_2^b$$

の最大化を図るものとする。ただし，y は所得，p_i，x_i はそれぞれ第 i 財の価格と消費量，a, b は正の定数である。この消費者の最適消費計画を求めなさい。

3.5　基数的効用と序数的効用

　経済学説史上，効用という概念をめぐっては大別して 2 つの立場がある。1 つは効用の値そのものに意味があるとする立場であり，こうした効用についての解釈を**基数的効用**（cardinal utility）という。しかしながら，現代の経済学は効用の基数性について基本的には懐疑的な立場をとる。基数的効用に対し

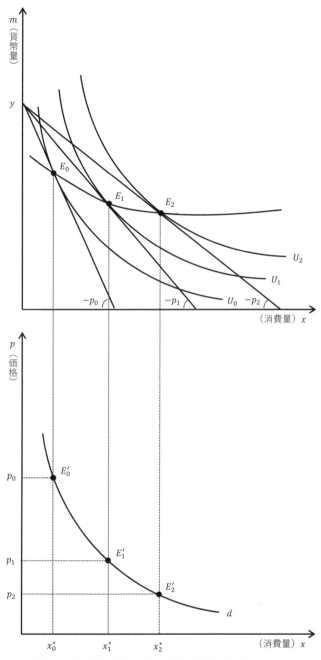

図 3.4 価格消費曲線（上）と個別需要曲線（下）の対応

て，効用は順序すなわち相対的な大小関係しか意味をなさないとする解釈を**序数的効用**（ordinal utility）という。序数的効用概念を前提とした場合，例えば限界効用の値そのものは意味を失う。その一方，限界効用の比である限界代替率は依然として量的意味をもつことが知られている [*8]。

本講の分析枠組を用いれば，消費者行動を分析するうえで効用関数に準線形性というきわめて強い仮定を課す必要はない [*9]。しかしながら，消費者余剰の

*8 このことについては，[12] 林（2013）の第 4 章に証明があります。

概念については効用関数の準線形性を仮定しなければ理論的に正当化されない
ことが知られている *10。

*9 もっとも，その代わりに無差別
曲線や限界代替率といった，初学
者にはややハードルの高い（？）
概念を分析に用いる必要があるわ
けです ···。

*10 このことについては，例え
ば［6］神取（2014）や［12］林
（2013）といった，中級以上のミ
クロ経済学のテキストを参照しま
しょう。

補論　全微分による限界代替率の導出

　第 1 財の消費量を x_1，第 2 財のそれを x_2 とあらわす。効用関数 $U(x_1, x_2)$ を全微分すると，

$$dU = \frac{\partial U(x_1, x_2)}{\partial x_1} \cdot dx_1 + \frac{\partial U(x_1, x_2)}{\partial x_2} \cdot dx_2 \tag{3.5}$$

となる [*11]。同一の無差別曲線上では効用水準は一定である（$dU = 0$）。すると，（3.5）式は以下のように変形できる。

$$dU = \frac{\partial U(x_1, x_2)}{\partial x_1} \cdot dx_1 + \frac{\partial U(x_1, x_2)}{\partial x_2} \cdot dx_2 = 0$$

$$\Leftrightarrow -\frac{dx_2}{dx_1} = \frac{\partial U(x_1, x_2)/\partial x_1}{\partial U(x_1, x_2)/\partial x_2} = MRS_{12} \tag{3.6}$$

つまり，第 2 財で測った第 1 財の限界代替率 MRS_{12} は，第 1 財の限界効用と第 2 財のそれの比に等しい。

*11　（3.5）式の直観的な解釈は以下のとおりです。地図の読み方に例えるなら，効用 U は標高，第 1 財の消費量 x_1 は経度，第 2 財の消費量 x_2 は緯度に相当します。数学記号の d は差分（正確には，無限小の差分）をあらわしますので，（3.5）式の dx_1, dx_2 は，それぞれ緯度および経度で測って現在地からどれだけ移動したかをあらわします。緯度は一定のまま東にちょっとだけ進むと標高が $\frac{\partial U(x_1, x_2)}{\partial x_1}$ だけ上がり，経度は一定のまま北にちょっとだけ進むと標高が $\frac{\partial U(x_1, x_2)}{\partial x_2}$ だけ上がります。すると，最終的な標高の変化 dU は，東に進んだことによる標高の変化 $\frac{\partial U(x_1, x_2)}{\partial x_1} \times dx_1$ と，北に進んだことによる標高の変化 $\frac{\partial U(x_1, x_2)}{\partial x_2} \times dx_2$ の合計となるはずです。もちろん，こうした全微分に対する理解はあまりにざっくりとした，いい加減なものです。数学的により厳密な説明については，[5] 尾山・安田（2013）や [10] チャン・ウエインライト（2020）などを参照しましょう。

> **確認問題 3.4**
>
> 　次の効用関数 U について，全微分を用いて第 2 財で測った第 1 財の限界代替率を求めなさい。ただし，x_1, x_2 は第 i 財の消費量，a, b, および c は正の定数である。
>
> (1) $U(x_1, x_2) = ax_1 + bx_2$
> (2) $U(x_1, x_2) = cx_1^a x_2^b$

第 I 部　文献案内

[1] 芦谷政浩（2009）『ミクロ経済学』有斐閣。

[2] 石井安憲・永田良・若田部昌澄（編著）（2007）『経済学入門（第 2 版）』東洋経済新報社。

[3] 奥野正寛（1990）『ミクロ経済学入門（第 2 版）』日本経済新聞出版社。

[4] 奥野正寛（編著）（2008）『ミクロ経済学』東京大学出版会。

[5] 尾山大輔・安田洋祐（編著）（2013）『改訂版　経済学で出る数学—高校数学からきちんと攻める』日本評論社。

[6] 神取道宏（2014）『ミクロ経済学の力』日本評論社。

[7] 清野一治（2006）『ミクロ経済学入門』日本評論社。

[8] 武隈愼一（2016）『新版　ミクロ経済学』新世社。

[9] 田中久稔（2018）『経済数学入門の入門』岩波書店。

[10] チャン，A.C.・ウエインライト，K.（2020）『現代数学の数学基礎（第 4 版）上・下』彩流社。

[11] 常木淳（2015）『法律家をめざす人のための経済学』岩波書店。

[12] 林貴志（2013）『ミクロ経済学　増補版』ミネルヴァ書房。

第Ⅱ部
生産者行動

第 4 講

利潤最大化

本講の目標

- 生産者の目的とその制約条件について説明できる。
- 生産者の最適化問題を定式化したうえで，そこからグラフや数式を用いて利潤最大化条件を導出できる。
- 生産者の最適生産量を求めることができる。

4.1 企業の目的

生産者ないし企業と称される経済主体は，**労働**（labor）や**資本**（capital）といったさまざまな**生産要素**（factor of production）から，ある特定の**生産物**（product）を生産して販売することで**利潤**（profit）を得る [*1]。ここでいう利潤とは，企業が自らの生産物を販売することで得られる**総収入**（total revenue; TR）から，生産にかかる**総費用**（total cost; TC）を差し引いたものとして定義される。財の生産量と利潤の対応関係を**利潤関数**（profit function）という。つまり，

$$\pi(x) = TR(x) - TC(x)$$
$$= p \cdot x - TC(x) \tag{4.1}$$

である。ただし，π は利潤，p は生産物価格，x は生産量，TR は総収入，TC は総費用である。

価格受容者である企業にとって，生産物価格 p は所与である。個別企業の生産量は市場全体の供給量に比較してきわめて小さく，市場全体の需給バランスにより決定される市場均衡価格 p に何ら影響を及ぼすことはない。企業は外生的に与えられた生産物価格 p を受け入れ，そのもとで自らの利潤を最大化するように生産量 x を決定する [*2]。言い換えれば，価格受容者である個別企業にとって市場全体の需要は無尽蔵であって，生産物に市場均衡価格 p を

*1 資本という用語は聞き慣れないかもしれません。例えば，自動車を生産するためには部品を組み立てる機械や建物が必要でしょう。これが資本です。学生の皆さんが学園祭でお好み焼きの出店をする場合なら，テントや鉄板が資本に相当します。

つける限りは自らが望むだけの量を売り尽くすことができる。ゆえに，売れ残りは発生しない[*3]。このことから，（4.1）式における x は企業の生産量であると同時に販売量でもある。

他方，総費用関数 TC は生産活動において企業が直面する**技術的制約**（technological constraint）を反映している。同じ生産量であれば技術水準が高い企業ほどより小さな費用で実現でき，それだけ利潤も大きくなる。

> ─ 企業の目的 ─
> 企業は技術的制約のもとで自らの利潤の最大化を図るべく生産量を決定する。

4.2 企業の費用構造

生産要素の投入量とそのもとで最大限に実現可能な生産量との対応関係を**生産関数**（production function）という。いま，労働とそれ以外の生産要素（例えば，資本）から単一の財を生産する企業を考える。労働以外の生産要素（例えば，資本）の投入量を一定とすると，当該企業の生産関数は以下のようにあらわすことができる。

$$x = f(l) \tag{4.2}$$

ただし，x は生産量，l は労働サービス投入量である。なお，労働サービス投入量は労働者 1 人あたりの労働時間と労働者数の積（いわば，延べ労働時間数）で測られている。

生産関数のグラフを**総生産物曲線**（total product curve）という。図 4.1 には，労働サービス l を生産要素の一つとする総生産物曲線の例が示されている。総生産物曲線の境界線を含んだ内側の領域は，当該企業が技術的に実現可能な生産要素の投入量と生産量の組合せを示している。これを**生産可能集合**（production possibility set）という。

総生産物曲線よりも内側の点で示される生産要素の投入量と生産量の組合せは，企業にとって実現可能ではあるものの，技術的には同じ生産要素の投入量でより高い生産量を実現できるという意味で非効率である。例えば，図 4.1 における点 B では，この企業の技術水準であれば労働サービスを l_0 だけ投入することで生産物を x_0 だけ産出できるところ，それを下回る x_1 しか産出していない。一方，総生産物曲線の外側の点で示される生産要素の投入量と生産量の組合せは，企業にとって技術的に実現不可能である。例えば，図 4.1 における点 C に対応する生産量 x_2 は，この企業が労働サービスを l_0 だけ投入する

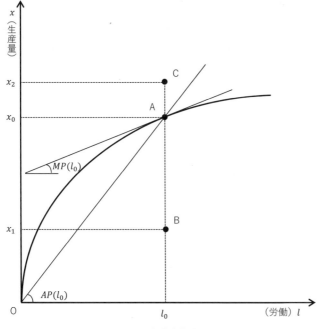

図 4.1　総生産物曲線

ことで技術的に実現可能な生産量の上限である x_0 を上回っている。結局，総
生産物曲線上の点で示される生産要素の投入量と生産量の組合せこそが，技術
的制約のもとで最大の生産量が実現されているという意味で，企業にとって最
も効率的ということになる。例えば，図 4.1 における点 A は総生産物曲線上
にあることから，この企業が労働サービスを l_0 だけ投入することで技術的に
実現可能な生産量の上限は x_0 であることがわかる [*4]。

　ある生産要素（例えば，労働）の投入量を限界的に 1 単位増加させることで
生じる生産量の増分を，当該生産要素の**限界生産物**（marginal product; MP）
（ないし，**限界生産性**あるいは**限界生産力**）という。(4.2) 式から，労働の限界
生産物は

$$MP(l) \equiv \frac{df(l)}{dl} \qquad (4.3)$$

で定義される。ゆえに，例えば労働サービス投入量が l_0 であるときのそれは，
図 4.1 の点 A における接線の傾きに等しい。

　一般に，他の生産要素の投入量が一定のもとでは，ある生産要素の限界生産
物は，当該生産要素の投入水準が高まるにつれてしだいに減少するであろう。
このことを，**限界生産物逓減の法則**（law of diminishing marginal product）
という [*5]。

*4 わかりやすくいえば，企業は
総生産物曲線よりも内側の点で示
される生産要素の投入量と生産量
の組合せについては，「選べるけ
れど選ばないはず」「もし選んだ
ならば，その企業は『本気』だし
てない」ということです。一方，
総生産物曲線よりも外側の点で示
される生産要素の投入量と生産量
の組合せについては，「選びたい
けれど，選べない」のです。結局，
この企業が「本気」をだしている
ならば，必ず総生産物曲線上の点
を選ぶはずです。

*5 お好み焼きの出店の例では、サークル員を労働力として追加でもう1人現場に投入することで販売できるようになるお好み焼きの枚数は、すでに現場に投入されているサークル員の人数が増加するにつれて減少するということです。ここでは、鉄板（＝資本）の大きさは変わらないというのがポイントです。

限界生産物逓減の法則

他の生産要素の投入量が一定のもとでは、ある生産要素の限界生産物は当該生産要素の投入水準が高まるにつれてしだいに減少する。

ちなみに、ある生産要素1単位あたりの生産量は**平均生産物**（average product; AP）（ないし、**平均生産性**あるいは**平均生産力**）という。(4.2) 式から、労働の平均生産物は

$$AP(l) \equiv \frac{f(l)}{l} \tag{4.4}$$

で定義される。ゆえに、例えば労働サービス投入量が l_0 であるときのそれは、図 4.1 の原点を通る直線 OA の傾きに等しい[*6]。

*6 中学数学で学んだように、直線の傾きは

$$\frac{y \text{ の変化量}}{x \text{ の変化量}}$$

で求まるのでした。

生産要素のうち、ある一定の期間内に企業が投入量を変更できるそれを**可変的生産要素**（variable factor of production）という。また、可変的生産要素の投入にかかる費用を**可変費用**（variable cost; VC）という。可変費用 VC は生産量 x の関数である。つまり、

$$VC = VC(x) \tag{4.5}$$

である。さらに、操業を停止するならば可変的生産要素の投入もゼロとなるので、$VC(0) = 0$ である。

他方、ある一定の期間内には投入量を変更できない生産要素を**固定的生産要素**（fixed factor of production）という。また、固定的生産要素の投入にかかる費用を**固定費用**（fixed cost; FC）という。少なくとも1つの固定的生産要素が存在する期間を**短期**（short run）という。それに対して、企業がすべての生産要素の投入量を変更するのに十分な期間を**長期**（long run）という[*7]。

*7 すべての生産要素を可変的とみなすに十分な期間を、便宜的に「長期」と呼ぶことにしているのです。ですから、企業や産業の特性に応じて、実際には1日間かもしれないし、1週間かもしれないし、1年間かもしれないし、10年間かもしれません。なお、マクロ経済学における「短期」「長期」の定義はここでのそれとは異なりますので注意しましょう。

企業の生産活動にかかる総費用 TC は、可変費用 VC と固定費用 FC の合計となる。すなわち、

$$TC(x) = FC + VC(x) \tag{4.6}$$

である。ただし、x は生産量である。短期において固定的生産要素の投入を節約することはできないから、固定費用 FC は生産量 x に依存しない定数である。(4.6) 式から、企業が操業を停止した場合（$x = 0$）の総費用 TC は

$$TC(0) = FC + VC(0) = FC \tag{4.7}$$

である。つまり、総費用 TC は固定費用 FC に等しくなる。他方、長期にお

いては固定的生産要素は存在せず，したがって固定費用もゼロである[*8]。ゆえに，操業を停止すれば総費用 TC もゼロとなる。

　いま，可変的生産要素は労働サービスのみであり，それ以外の生産要素（例えば，資本）は固定的である短期の企業行動を考える。(4.2) 式であらわされる生産関数は，任意の労働サービス投入量 l と，そのもとで最大限に実現可能な生産量 x の対応関係であったから，その逆関数 $l = f^{-1}(x)$ は任意の生産量 x と，それを実現するために最小限必要な労働サービス投入量 l の対応関係をあらわす[*9]。労働サービス 1 単位あたりの価格である**賃金率**（wage rate）を w とすると，可変費用 VC は賃金率 w と労働投入量 l の積となる[*10]。すなわち，

$$VC(x) = w \cdot l = w \cdot f^{-1}(x) \tag{4.8}$$

である。なお，ここでの企業は生産物市場のみならず労働市場においても価格受容者であり，よって賃金率 w も所与である。

　図 4.2 は総費用関数 TC のグラフすなわち**総費用曲線**（total cost curve）の導出過程を示している。図 4.2 (a) には，横軸に労働サービス投入量 l，縦軸に生産量 x をとった座標平面に，(4.2) 式であらわされる総生産物曲線が描かれている（ステップ 0）。このグラフを反時計回りに $90°$ 回転させたうえで，さらに左右反転させると，図 4.2 (b) に示される右上がりのグラフが得られる。この右上がりの曲線は，元の関数である生産関数 $x = f(l)$ の逆関数 $l = f^{-1}(x)$ のグラフにほかならない（ステップ 1）[*11]。(4.8) 式から，可変費用関数 VC のグラフすなわち**可変費用曲線**（variable cost curve）は，図 4.2 (b) に描かれた曲線を賃金率 $w(> 0)$ 倍したものとなる。図 4.2 (c) に実線で描かれた横軸に対して右上がりの曲線がそれである（ステップ 2）。総費用関数 TC は可変費用 VC に固定費用 FC を加えたものなので，総費用曲線は可変費用曲線をすべての生産水準において固定費用 FC の分だけ上方にシフトさせたものとなる。図 4.2 (d) に実線で描かれた y 軸切片を固定費用 FC とする右上がりの曲線がそれである（ステップ 3）。

確認問題 4.1

　ある企業の生産関数が

$$x = 2\sqrt{l}$$

であらわされる。ただし，x は生産量，l は労働投入量である。また，賃金率は 4，固定費用は 100 である。このとき，当該企業の総費用関数 TC を求めなさい。

---

*8 例えば，工場や生産設備の規模を数週間といったスパンで変更することはできないでしょう。その場合，固定的生産要素である資本の投入にかかる費用は固定費用となります。しかし，工場や生産設備の規模も数年単位でみれば変更可能なはずで，そうであれば資本も可変的生産要素とみなされることになります。このとき，当然のことながら資本の投入にかかる費用は可変費用に含まれることになります。

*9 元の関数が $y = f(x)$ であるとき，しばしばその逆関数を $x = f^{-1}(y)$ とあらわします。「マイナス 1 乗」という意味ではありませんので注意！

*10 賃金率の「率」とは「労働 1 単位あたり」という意味です。労働サービスの計測単位が時間であれば，賃金率は時給ということになります。

*11 例えば，元の関数が $y = \sqrt{x}$ であったとすると，その逆関数は $x = y^2$ です。2 つのグラフの形状を比べてみましょう。なお，「元の関数のグラフと逆関数のグラフは直線 $y = x$ について対称」といっても同義です。図 4.2 (a) に示されている生産関数のグラフ（＝総生産物曲線）は，技術的制約のもとで実現できる生産量 x の上限を労働投入量 l の関数としてあらわしています。一方，図 4.2 (b) に示されている生産関数の逆関数のグラフは，技術的制約のもとで実現できる労働投入量 l の下限を生産量 x の関数として図 4.2 (a) を読み替えているのです。

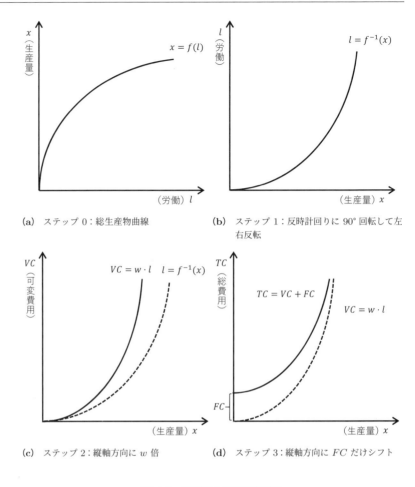

(a) ステップ 0：総生産物曲線

(b) ステップ 1：反時計回りに 90° 回転して左右反転

(c) ステップ 2：縦軸方向に w 倍

(d) ステップ 3：縦軸方向に FC だけシフト

図 4.2 総費用曲線の導出過程

4.3 利潤最大化問題

　いま，生産物価格が p_0 であるとする。このとき，(4.1) 式で定義される企業の利潤 π を最大化する生産計画はどのようなものだろうか。図 4.3 上パネルには，横軸に生産量 x，縦軸に総収入 TR および総費用 TC をとった同一の座標平面に，図 4.2 で導出した総費用曲線と総収入曲線の 2 つのグラフが描かれている。価格受容者である企業にとって，後者は価格 p_0 を傾きとする原点を通る直線となる[*12]。

　利潤 π はその定義から任意の生産量 x における総収入曲線と総費用曲線の垂直距離としてあらわされる。図 4.3 上パネルから明らかなように，生産量が十分に小さな領域では，生産物の販売から得る総収入 TR で総費用 TC をすべて賄うことができないために，利潤 π は負となる。生産規模が拡大するに

*12 直線は特殊な曲線なので，総収入曲線という表現に間違いはありません。ふつう，「総収入直線」といった言い方はしませんので注意しましょう。

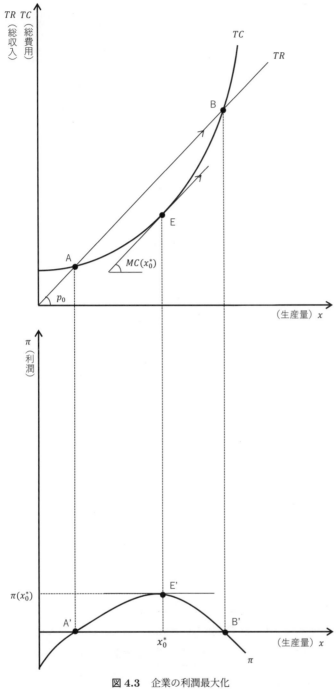

図 4.3　企業の利潤最大化

つれて利潤 π は正に転じるが，生産量 x_0^* を閾値として減少に転じ，やがて
生産量が十分に大きな領域では再び負となる。こうした生産量 x と利潤 π の
関係を横軸に生産量 x，縦軸に利潤 π をとった座標平面に描くと，図 4.3 下
パネルに示されるような上に凸の曲線となる。これを**利潤曲線**（profit curve）
という。

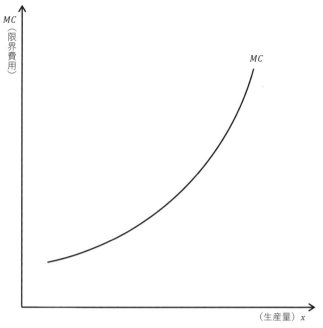

図 4.4　限界費用曲線

（4.1）式より，利潤関数 π は

$$\frac{d\pi}{dx} = \frac{dTR(x)}{dx} - \frac{dTC(x)}{dx} = 0$$
$$\Leftrightarrow p - \frac{dTC(x)}{dx} = 0$$
$$\Leftrightarrow p = MC(x) \tag{4.9}$$

を満たす生産量 x_0^* のもとで最大値をとる。ただし，

$$MC(x) \equiv \frac{dTC(x)}{dx} \tag{4.10}$$

である。これを**限界費用**（marginal cost; MC）という。限界費用は生産量 x を限界的に 1 単位増加させることで生じる総費用 TC の増分をあらわし，その定義から総費用曲線の接線の傾きに等しい。また，（4.9）式を満たし，企業の利潤を最大化する生産量 x_0^* を企業の**最適生産量**（optimal production）という。

総費用曲線が図 4.2（d）に示されるような形状であれば，

$$0 < \frac{dTC(x)}{dx} \equiv MC(x) \tag{4.11}$$

かつ

$$0 < \frac{d^2TC(x)}{dx^2} \tag{4.12}$$

である。すなわち，限界費用 MC は正で，かつ生産量 x が増加するにつれて逓増する。図 4.4 は限界費用関数のグラフすなわち**限界費用曲線**（marginal cost curve）を示している。(4.11)，(4.12) 式から，限界費用曲線は横軸に生産量 x，縦軸に限界費用 MC をとった座標平面の第 1 象限に右上がりの曲線として描かれる。

　他方，(4.9) 式の左辺は生産量 x を限界的に 1 単位増加させることで生じる総収入 TR の増分，すなわち**限界収入**（marginal revenue）をあらわす。価格受容者である企業にとって限界収入は価格（ここでは，p_0）に等しく，その大きさは総収入曲線の傾きであらわされる。

　まとめると，競争市場において企業が利潤を最大化するためには，限界費用 MC が限界収入すなわち生産物価格 p に等しくなるように自らの生産量 x を決定すればよい。このことから，図 4.3 上パネルにおいて，最適生産量 x_0^* における総費用曲線の接線は総収入曲線と平行になっている。

利潤最大化条件

　企業は限界費用と限界収入が等しくなるように財の生産量を決定する。

第5講

供給曲線と生産者余剰

―― 本講の目標 ――――――――――――――――――――――――

- 生産者の最適化行動から個別供給曲線が導出される過程について説明できる。
- 個別供給曲線から市場供給曲線を導出できる。
- 生産者余剰の概念についてグラフや数式を用いて説明できる。

5.1 個別供給曲線

（4.9）式の逆関数を求めることで，企業の利潤最大化条件は

$$x = MC^{-1}(p) \tag{5.1}$$

とあらわすこともできる。これを**個別供給関数**（individual supply function）という。（5.1）式は，財の価格 p が与えられれば，それに応じて個別企業の供給量 x が定まるという因果関係をあらわしている。

　財の価格と個別企業による供給量の対応関係を示すグラフを**個別供給曲線**（individual supply curve）という。ただし，個別供給曲線は横軸に数量 x，縦軸に価格 p をとった座標平面に描かれるのが普通である。（4.9）式は供給関数の元の関数（逆関数をとる前の関数）であり，これを**逆供給関数**（inverse supply function）という [*1]。つまり厳密にいえば，一般に供給曲線と呼ばれている右上がりのグラフは供給関数のグラフではなく，逆供給関数のそれである [*2]。

*1 元の関数の方を逆供給関数というのは何とも紛らわしいのですが，逆関数の逆関数は元の関数なのです。

*2 横軸に独立変数，縦軸に従属変数をとる数学の流儀と逆になっていますので注意しましょう。

―― 個別供給曲線 ――――――――――――――――――――――――

個別供給曲線は限界費用曲線そのもの，ないしその一部であり，曲線上の任意の点と横軸のあいだの垂直距離は企業の限界支払要求額をあらわす。

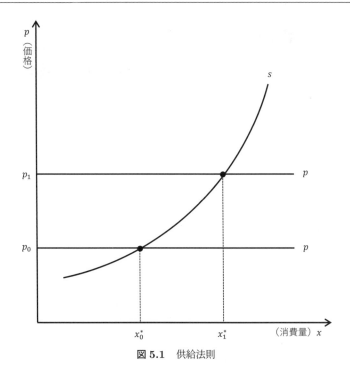

図 5.1　供給法則

　図 5.1 には，X 財を生産物とするある企業の個別供給曲線が描かれている。ここでは，（4.9）式における MC を s に置き換えることにしよう [*3]。X 財の価格が p_0 から p_1 に上昇すると，企業の最適生産量は x_0^* から x_1^* に増加する。反対に，価格が p_1 から p_0 に下落すれば，企業の最適生産量は x_1^* から x_0^* に減少する。他の要因が一定のもとで，財の価格が上昇（下落）すると供給量が増加（減少）するという因果関係を**供給法則**（law of supply）という [*4]。

[*3] 文字を置き換えることに特段の意味はありません。

[*4] 中学校社会科や高等学校公民科の教科書では，「供給法則」（言い換えれば，右上がりの供給曲線）が自明のこととして取り扱われていたと思います。しかし，その背後には企業の洗練された最適化行動が隠されていたわけです。

> **供給法則**
> 他の要因が一定のもとでは，財の価格が上昇するにつれて供給量は増加する。

> **確認問題 5.1**
> （1）生産物価格を p として，**確認問題 4.1** の企業の利潤関数を求めなさい。
> （2）この企業の個別供給関数を求めなさい。
> （3）$p = 200$ のとき，この企業の最適生産量を求めなさい。

5.2 生産者余剰

X 財の価格が p_0 であるとする。(4.1) 式，$VC(0) = 0$ より，生産を停止した場合 $(x = 0)$ の企業の利潤は

$$\pi(0) = p_0 \cdot x - TC(x) = p_0 \cdot 0 - [VC(0) + FC]$$
$$= -FC \tag{5.2}$$

である。他方，$x_0^*(>0)$ だけ生産した場合のそれは，

$$\pi(x_0^*) = p_0 \cdot x_0^* - TC(x_0^*)$$
$$= p_0 \cdot x_0^* - [VC(x_0^*) + FC]$$
$$= p_0 \cdot x_0^* - VC(x_0^*) - FC \tag{5.3}$$

である。(5.2)，(5.3) 式から，生産による利潤の増分 $\Delta\pi$ は，両者の差である

$$\Delta\pi = \pi(x_0^*) - \pi(0)$$
$$= [p_0 \cdot x_0^* - VC(x_0^*) - FC] - (-FC)$$
$$= p_0 \cdot x_0^* - VC(x_0^*) \equiv PS \tag{5.4}$$

となる。(5.4) 式の右辺第 1 項は X 財を x_0^* だけ生産することで得られる総収入，第 2 項はそれにともなう可変費用をあらわしている。両者の差は企業が X 財の取引から得る正味の利益をあらわしていることから，これを**生産者余剰**（producer surplus; PS）という。生産者余剰はある財を取引することで企業が享受する利益を貨幣単位であらわしたものである。

生産者余剰の定義

　企業がある財の取引によって得る利潤の増分を生産者余剰という。

　ところで，企業の利潤と生産者余剰はどのような関係にあるのだろうか。(5.4) 式から，生産者余剰は

$$PS = \pi(x_0^*) - \pi(0) = \pi(x_0^*) - (-FC) = \pi(x_0^*) + FC \tag{5.5}$$

すなわち利潤と固定費用の和としても表現できる。ちなみに，利潤と固定費用の和を**粗利潤**（gross profit）という。(5.5) 式より，粗利潤と生産者余剰は同義であることがわかる。固定費用が存在しない場合に限り，利潤と生産者余剰が一致する。

　生産者余剰を図示しよう。説明の簡単化のために，図 5.2 に示されるように個別供給曲線が直線であらわされるとする。生産物価格が p_0 である場合，企

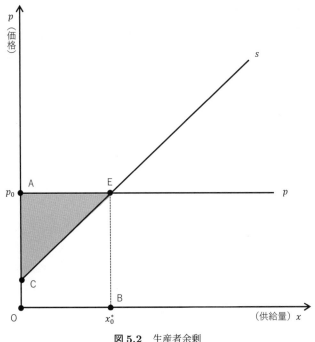

図 5.2　生産者余剰

業の生産量は x_0^* となる。長方形の面積の公式から，企業の総収入 $p_0 \cdot x_0^*$ は
□$AEBO$ の面積であらわされる。これが，(5.4) 式における右辺第 1 項であ
る。他方，個別供給曲線上の任意の点と横軸のあいだの垂直距離は限界費用の
大きさをあらわしていたから，可変費用 $VC(x_0^*)$ は X 財の生産量をゼロから
x_0^* まで増加させることで生じる限界費用をすべて足し合わせることで算出で
きる [*5]。ゆえに，その大きさは図 5.2 における □$BOCE$ の面積であらわさ
れる。これが，(5.4) 式における右辺第 2 項である。生産者余剰は両者の差で
あるから，その大きさは △ACE の面積となる。一般に，生産者余剰の大きさ
は，個別供給曲線の上方，価格線の下方，および縦軸の右方で形成される領域
の面積であらわされる。なお，積分法による生産者余剰の一般的な表現につい
ては，本講の補論において説明される。

┌─ **生産者余剰の幾何学的解釈** ─────────────

　生産者余剰は供給曲線の上方，価格線の下方，および縦軸の右方で形成
　される領域の面積であらわされる。

確認問題 5.2

(1) 生産量を x, 企業の利潤を $\pi(x)$ とすると, 生産者余剰 PS の定義は $\pi(x) - \pi(0)$ である。このとき, 生産者余剰 PS は利潤 $\pi(x)$ と固定費用 FC の和に等しいことを示しなさい。

(2) 生産者余剰 PS が供給曲線の上方, 価格線の下方, および縦軸の右方で形成される領域の面積であらわされることを示しなさい。

5.3 市場供給曲線

財の市場価格が与えられれば, それに応じて個別企業の供給量が定まる。両者の対応関係を個別供給関数というのであった。それに対して, 財の市場価格と市場全体の供給量の対応関係を**市場供給関数**（market supply function）という。

任意の価格 p_k のもとでの企業 i の X 財の供給量を $x_k^i = s^i(p_k)$ とあらわそう。X 財の市場全体にわたる供給の総量 $S(p_k)$ は, 市場に参加しているすべての企業の供給量を合計したものにほかならない。すなわち,

$$S(p_k) = \sum_{i=1}^{m} s^i(p_k) \tag{5.6}$$

である。ただし, $S(p_k)$ は価格 p_k のもとでの市場全体の供給量, $s^i(p_k)$ は価格 p_k のもとでの企業 i の供給量, m は市場に参加している企業の数である。

説明の簡単化のために, ここでは「企業 1」と「企業 2」の 2 社のみが X 財市場に参加しているとしよう。図 5.3 左パネルには企業 1 の個別供給曲線, 同中パネルには企業 2 の個別供給曲線がそれぞれ描かれている。各企業の個別供給曲線から, 価格と市場全体の供給量の関係を読み取ることができる。例えば, (1) 価格が p_0 の場合, 図 5.3 左パネルから企業 1 の供給量はゼロ, 同中パネルから企業 2 のそれもゼロとなることがわかる。ゆえに, 市場全体の供給量も両者の合計であるゼロとなる。そこで, 図 5.3 右パネルに示されるような横軸に供給量 x, 縦軸に価格 p をとった座標平面に, 点 A $(0, p_0)$ を描示する。(2) 価格が p_1 の場合, 同じように企業 1 の供給量は x_1^1, 企業 2 のそれはゼロとなることがわかる。ゆえに, 市場全体の供給量は両者の合計である x_1^1 である。そこで, 図 5.3 右パネルに示される座標平面に点 B (x_1^1, p_1) を描示する。(3) 価格が p_2 の場合, 同じように企業 1 の供給量は x_2^1, 企業 2 のそれは x_2^2 となることがわかる。ゆえに, 市場全体の供給量は両者の合計である $x_2^1 + x_2^2$ である。そこで, 図 5.3 右パネルに示され座標平面に点 C $(x_2^1 + x_2^2$

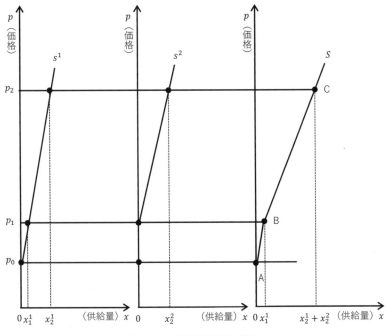

図 **5.3**　市場供給曲線の導出

, p_2) を描示する。最後に，図 5.3 右パネルに示される座標平面において，点
A と点 B を結ぶ線分および点 B から点 C を通る半直線を描く。図 5.3 右パ
ネルに描かれた右上がりの直線は，所与の価格水準と市場全体の供給量の対応
関係をあらわしており，X 財の**市場供給曲線**（market supply curve）にほか
ならない。すなわち，市場供給曲線は個別供給曲線の水平和をとることで描示
されるのである [*6]。

　ここでは，X 財の市場には 2 社の企業しか参加しておらず，また個別供給曲
線が直線であらわされるとしたことから，図 5.3 右パネルに描かれた市場供給
曲線の形状は折れ線になっている。一般には，市場には無数の企業が存在し，
また個別供給曲線も直線ではなく滑らかな曲線であらわされる。すると，市場
に参加しているすべての企業について個別供給曲線の水平和をとることで導出
される市場供給曲線の形状は，（折れ線ではなく）よく見慣れた滑らかな曲線
となる。個別供給曲線の形状が右上がりであるならば，市場供給曲線のそれも
必ず右上がりとなる。

市場供給曲線

　市場供給曲線は個別供給曲線の水平和をとることで導出される。

　市場全体の生産者余剰 PS は個別企業の生産者余剰の市場全体での総和と

*6 市場需要曲線が個別需要曲線
の水平和をとることで描示された
こととまったく同じであることを
確認しましょう。

なる。すなわち,

$$PS(p_k) = \sum_{i=1}^{m} PS^i(p_k) \tag{5.7}$$

である。ただし,PS^i は企業 i の生産者余剰である。市場全体の生産者余剰 PS は市場供給曲線の左方,価格線の下方,および縦軸の右方で形成される領域の面積であらわされる。

確認問題 5.3

確認問題 4.1 と同質の企業が生産物市場に 200 社参加している。

(1) 供給量を x,生産物価格を p として,当該財の市場供給関数を求めなさい。

(2) 当該財の市場価格が $p = 10$ のとき,市場全体の生産者余剰を求めなさい。

補論 ★　積分法による生産者余剰の一般的な表現

微分積分学の基本定理から，(5.4) 式は以下のように変形できる。

$$
\begin{aligned}
PS = \Delta\pi &= \pi(x_0^*) - \pi(0) \\
&= \{p_0 \cdot x_0^* - VC(x_0^*) - FC\} - (-FC) \\
&= p_0 \cdot x_0^* - VC(x_0^*) \\
&= p_0 \cdot x_0^* - \int_0^{x_0^*} MC(x)dx
\end{aligned}
\tag{5.8}
$$

ただし，p_0 は X 財の価格，x_0^* は最適生産量，MC は限界費用関数（逆供給関数）である。(5.8) 式の右辺第 1 項は X 財を x_0^* だけ生産することで得られる総収入，第 2 項はそれにともなう可変費用をあらわしている。

　横軸に数量，縦軸に価格をとった座標平面に生産者余剰を図示しよう。X 財を x_0^* だけ生産することで得られる総収入 $p_0 \cdot x_0^*$ は，図 5.2 における $\square AEBO$ の面積であらわされる。他方，可変費用 $\int_0^{x_0^*} MC(x)dx$ は $\square BOCE$ の面積であらわされる。ゆえに，生産者余剰は両者の差，すなわち $\triangle ACE$ の面積であらわされる。

第 6 講 ★

生産者理論の一般化に向けて

本講の目標

- さまざまな費用曲線の形状と相互の位置関係について説明できる。
- 生産者の損益分岐条件についてグラフや数式を用いて説明できる。
- 生産技術についてのより一般的な仮定のもとで，生産者の最適化行動について説明できる。

6.1 費用の諸概念

生産量 1 単位あたりの総費用 TC を**平均総費用**（average total cost; ATC）という。(4.6) 式から，平均総費用 ATC は

$$ATC(x) \equiv \frac{TC(x)}{x} = \frac{VC(x) + FC}{x} = AVC(x) + AFC(x) \qquad (6.1)$$

とあらわせる。ただし，$AVC \equiv \frac{VC}{x}$, $AFC \equiv \frac{FC}{x}$ である。AVC すなわち生産量 1 単位あたりの可変費用を**平均可変費用**（average variable cost; AVC）という。また，AFC すなわち生産量 1 単位あたりの固定費用を**平均固定費用**（average fixed cost; AFC）という。

平均可変費用曲線（average variable cost curve）と**平均固定費用曲線**（average fixed cost curve）の形状を確認しよう。平均可変費用 AVC は原点から可変費用曲線上の任意の点に引いた直線の傾きに等しい（なぜか？）[*1]。そのため，可変費用曲線が図 4.2 (c) のような形状であるなら，平均可変費用関数 AVC は生産量 x の単調増加関数となる。このことから，図 6.1 (a) に示されるように，平均可変費用曲線は横軸に生産量 x，縦軸に平均可変費用 AVC をとった座標平面に右上がりの曲線として描かれる。他方，固定費用曲線はその定義から横軸に対して水平となるから [*2]，図 6.1 (b) に描かれるように平均固定費用曲線の形状は右下がりの曲線（直角双曲線）となる [*3]。

(6.1) 式から，**平均総費用曲線**（average total cost curve）は平均可変費用

[*1] $y = a \cdot x$ のグラフは直線であらわされ，その傾きは $a = y/x$ です。ここでは x が生産量，y が可変費用 VC, a が平均可変費用 AVC にあたります。

[*2] 直線は曲線の特殊なケースなので，「…曲線は…水平である」というのは正しい表現です。

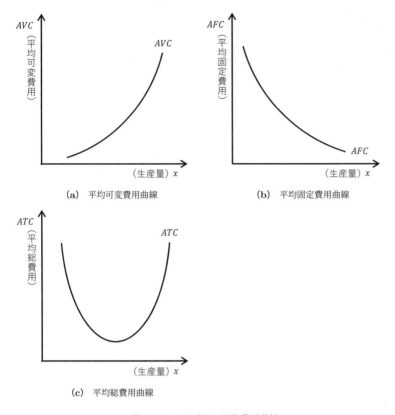

(a)　平均可変費用曲線　　　　　　　　(b)　平均固定費用曲線

(c)　平均総費用曲線

図 6.1　さまざまな平均費用曲線

曲線と横軸のあいだの垂直距離と平均固定費用曲線のそれを任意の生産水準において足し合わせることで描くことができる。ゆえに，その形状は図 6.1（c）に描かれるような U 字型の曲線となる[*4]。このことは，図 4.2（d）において原点から総費用曲線上の任意の点に引いた直線の傾きと生産量 x の関係からも確認できる（各自で確かめてみよ）。これまでに取り上げた企業の生産費用に関する諸概念をまとめると表 6.1 のようになる。

> **確認問題 6.1**
>
> （1）**確認問題 4.1** の企業の平均総費用関数を求めなさい。
> （2）この企業の平均可変費用関数を求めなさい。

　図 6.2 下パネルには，平均総費用曲線，平均可変費用曲線，および限界費用曲線が同一の座標平面に描かれている。これらの費用曲線の位置関係については，以下の 2 点を押さえることが重要である。

（1）平均可変費用曲線は平均総費用曲線の下方に位置し，生産量が大きくなるにつれて両者の垂直距離は限りなく小さくなる。

*3 反比例のグラフ $y = a/x$ を直角双曲線といいます（ただし，a は定数）。ここでは x が生産量，a が固定費用 FC，y が平均固定費用 AFC にあたります。

*4 生産量 x が十分に小さいときにはほぼ平均固定費用曲線に一致し，生産量 x が十分に大きいときにはほぼ平均可変費用曲線に一致します。

表 6.1　費用の諸概念

		平均値	限界値
総費用	$TC(x)$	$\dfrac{TC(x)}{x} \equiv ATC(x)$	$\dfrac{dTC(x)}{dx} \equiv MC(x)$
可変費用	$VC(x)$	$\dfrac{VC(x)}{x} \equiv AVC(x)$	$\dfrac{dVC(x)}{dx} \equiv MVC(x) = MC(x)$
固定費用	FC	$\dfrac{FC}{x} \equiv AFC(x)$	$\dfrac{dFC}{dx} \equiv MFC = 0$

（2）限界費用曲線が平均総費用曲線の最小点を下から通過する。

　（1）の特徴については，次のような理由による。（6.1）式から，平均総費用曲線と平均可変費用曲線のあいだの垂直距離は平均固定費用 AFC をあらわす。生産量 x が増加するにつれて平均固定費用 AFC はしだいに小さくなるので [*5]，2 つの曲線はしだいに接近する。生産量 x が無限大になれば，平均固定費用 AFC はゼロとなって平均総費用曲線と平均可変費用曲線は一致する。

　（2）の特徴については，次のような理由による。総費用 TC と平均総費用 ATC のあいだには

$$TC(x) = x \times \frac{TC(x)}{x} = x \times ATC(x) \tag{6.2}$$

*5 分子（固定費用）は一定のまま分母（生産量）が大きくなれば，全体としては小さくなります。

という関係がある。これを生産量 x で微分すると [*6]，

$$\frac{dTC(x)}{dx} = \frac{dx}{dx} \cdot ATC(x) + x \cdot \frac{dATC(x)}{dx}$$
$$\Leftrightarrow MC(x) = ATC(x) + x \cdot \frac{dATC(x)}{dx} \tag{6.3}$$

となる。（6.3）式から，限界費用曲線（左辺）と平均総費用曲線（右辺第 1 項）の位置関係は，右辺第 2 項，さらにいえば平均総費用曲線の接線の傾きを示す $dATC/dx$ の符号によって決定されることがわかる（$0 \le x$ に注意）。具体的には，

*6 2 つの微分可能な関数の積の導関数は，「積の微分公式」といわれる次の公式を適用することで求められます。

$$\frac{d}{dx}\{f(x) \cdot g(x)\}$$
$$= f'(x) \cdot g(x) + f(x) \cdot g'(x)$$

例えば，$f(x) = 2x+5, g(x) = x$ として，上の公式が成立することを実際に計算して確かめてみましょう。

- $\frac{dATC}{dx} < 0$ すなわち平均総費用曲線が右下がりの形状をとる生産量の範囲では，平均総費用曲線が限界費用曲線の上方に位置する。
- $0 < \frac{dATC}{dx}$ すなわち平均総費用曲線が右上がりの形状をとる生産量の範囲では，限界費用曲線が平均総費用曲線の上方に位置する。
- $\frac{dATC}{dx} = 0$ すなわち平均総費用曲線の頂点では，限界費用 MC と平均総費用 ATC が等しくなる。

　同じことは，総費用曲線が描かれた図 6.2 上パネルからも確認できる。平均総費用 ATC は原点 O と総費用曲線上の任意の点を結ぶ直線の傾きに等しい。これが最小になるのは，原点から引いた直線が総費用曲線と接する点 A にお

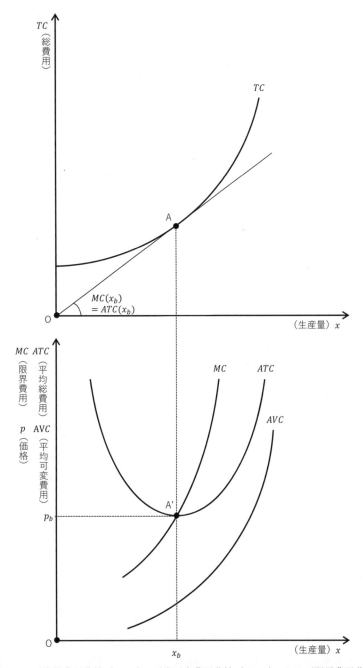

図 6.2　平均総費用曲線（*ATC*），平均可変費用曲線（*AVC*），および限界費用曲線
（*MC*）の位置関係

いてである。もっとも，総費用曲線の接線の傾きは任意の生産量における限界
費用 *MC* をあらわす。このことから，平均総費用 *ATC* の最小値を p_b とす
ると，$x = x_b$ において

$$MC(x_b) = ATC(x_b) = p_b \qquad (6.4)$$

が成立する。

6.2　損益分岐条件

企業が正の利潤を確保するためには，生産物価格 p が以下の条件を満たす必要がある（$0 \leq x$ に注意）。

$$
\begin{aligned}
0 &< \pi \\
\Leftrightarrow 0 &< p \cdot x - TC(x) \\
\Leftrightarrow \frac{TC(x)}{x} &< p \\
\Leftrightarrow ATC(x) &< p
\end{aligned}
\tag{6.5}
$$

（6.5）式より，生産物市場の需給悪化によって企業がどのような生産量 x を選択しても生産物価格 p が平均総費用 ATC を下回るならば，企業の利潤は負となることがわかる。平均総費用 ATC の最小値は企業の利潤 π が負となる生産物価格 p の閾値となることから [7]，これを**損益分岐価格**（break-even price）という [8]。生産物価格 p，平均総費用 ATC，および利潤 π の関係をまとめると表 6.2 のようになる。

　企業の損益分岐条件をグラフから確認しよう。図 6.3 には限界費用曲線と平均総費用曲線が描かれている。まず，生産物価格 p が平均総費用関数 ATC の最小値 p_b に等しいケースを考えよう（$p = p_b$）。図中の x_b^* は生産物価格が p_b の場合の企業の最適生産量である。生産量が x_b^* であれば，企業の利潤最大化条件である「生産物価格＝限界費用」が満たされることを確認しよう。このとき，企業の総収入 TR と総費用 TC はともに □$BFOG$ の面積であらわされる。ゆえに，前者から後者を控除することで算出される利潤はゼロである。図 6.3 における点 B を**損益分岐点**（break-even point）という。

　次に，図 6.3（a）に示されるように，生産物価格 $p = p_0$ が平均総費用関数 ATC の最小値 p_b を上回るケースを考えよう（$p_b < p_0$）。図中の x_0^* は生産物価格が p_0 の場合の企業の最適生産量である。生産量が x_0^* であれば，企業の利潤最大化条件である「生産物価格＝限界費用」が満たされることを確認しよう。このとき，総収入 TR は □$ACEO$，総費用 TC は □$DEOH$ の面積であらわされる。ゆえに，前者から後者を控除することで算出される利潤は □$ACDH$ の面積であらわされる。

　最後に，図 6.3（b）に示されるように，生産物価格 $p = p_1$ が平均総費用関数 ATC の最小値 p_b を下回るケースを考えよう（$p_1 < p_b$）。図中の x_1^* は生産物価格が p_1 の場合の企業の最適生産量である。生産量が x_1^* であれば，企業の利潤最大化条件である「生産物価格＝限界費用」が満たされることを確

[7] 「閾値」は「しきいち」ないし「いきち」と読みます。境目になる値という意味です。

[8] 価格受容者である企業にとって，生産物価格 p は自らのあずかり知らぬところ（＝市場全体での需給バランス）で決定されることに注意しましょう。

表 6.2　価格，平均総費用，および利潤の関係

総収入と総費用	価格と平均総費用	利潤
$TC(x^*) < p \cdot x^*$	$ATC(x^*) < p$	$0 < \pi(x^*)$ （正の利潤）
$p \cdot x^* = TC(x^*)$	$p = ATC(x^*)$	$\pi(x^*) = 0$ （利潤ゼロ）
$p \cdot x^* < TC(x^*)$	$p < ATC(x^*)$	$\pi(x^*) < 0$ （負の利潤）

認しよう。このとき，総収入 TR は $\square KLOM$，総費用 TC は $\square IJLO$ の面積であらわされる。ゆえに，前者から後者を控除することで算出される利潤は $\square IJKM$ の面積だけ負となる。つまり，操業によって損失が発生するのである。

```
┌─ 損益分岐条件 ──────────────────────────┐
│ 生産物価格が当該企業の技術水準のもとで実現可能な平均総費用の最小     │
│ 値を下回る場合，当該企業の利潤は負とならざるをえない。          │
└──────────────────────────────────────┘
```

6.3　操業停止条件

もっとも，企業は損失が発生するからといって，必ずしも直ちに操業を停止するわけではない。企業が操業を停止した場合 $(x = 0)$，その利潤は

$$\pi(0) = p \cdot 0 - TC(0) = -\{VC(0) + FC\} = -FC \tag{6.6}$$

となる。つまり，固定費用 FC に相当する損失が発生する。ゆえに，たとえ損失が発生しても可変費用 VC の全額に加えて固定費用 FC の一部さえ回収できるのであれば，企業は損失を縮小するために操業を継続した方がよい[*9]。

企業が操業を停止するのは，明らかに

$$\pi(x) < \pi(0) \tag{6.7}$$

が成立する場合である（ただし，$0 < x$）[*10]。これをさらに変形すると，

$$(6.7)\ 式 \Leftrightarrow \pi(x) + FC < 0$$
$$\Leftrightarrow p \cdot x - VC(x) - FC + FC < 0$$
$$\Leftrightarrow p \cdot x < VC(x)$$
$$\Leftrightarrow p < AVC(x) \tag{6.8}$$

となる。ここでは，$\pi(0) = -FC$，および $AVC \equiv VC/x$ であることに注意

[*9] 身近な飲食店の例でいえば，たとえ赤字でも家賃（＝固定費用）の足しになるなら店を開けた方がよいわけです。

[*10] $\pi(x) = \pi(0)$ の場合，企業は操業しても操業しなくても無差別（どちらでもよい）です。ここでは操業するものとしましょう。

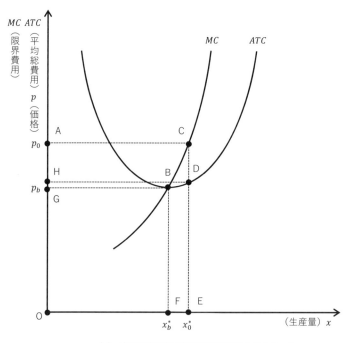

(a) 市場均衡価格が損益分岐価格を上回るケース

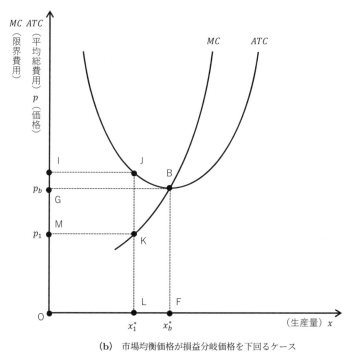

(b) 市場均衡価格が損益分岐価格を下回るケース

図 6.3 損益分岐価格

されたい。(6.8) 式から，企業は利潤 π と固定費用 FC の合計すなわち粗利潤が非負となることが見込まれない限り，操業を停止することがわかる（第1式）。このことは，需給の悪化により生産物価格 p が当該企業の技術水準の

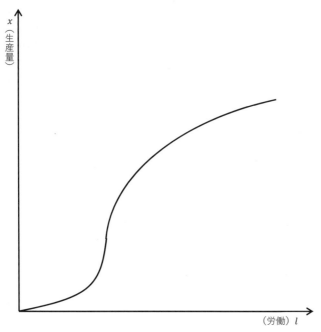

図 6.4 分業の利益と総生産物曲線

もとで実現可能な平均可変費用関数 AVC の最小値を下回ると，当該企業は利潤最大化（よりわかりやすくいえば，損失最小化）の観点から操業を停止すると言い換えることもできる（第 4 式）。平均可変費用関数 AVC の最小値は企業が操業を継続するか否かの閾値となることから，これを**操業停止価格**（shutdown price）という。

> **操業停止条件**
>
> 生産物価格が当該企業の技術水準のもとで実現可能な平均可変費用の最小値を下回る場合，当該企業は操業を停止する。

　総生産物曲線が図 4.1 に示されるような形状をとるなら，図 6.2 下パネルに示されるように限界費用曲線の全体が平均可変費用曲線の上方に位置するため，限界費用曲線と個別供給曲線は一致する。操業停止条件が問題となるのは，例えば生産過程の初期段階において**分業の利益**（advantages of division of labor）が存在する場合である [*11]。ここでいう分業の利益とは，労働投入量がある閾値に到達するまでは労働者間の分業によって労働の限界生産物が逓増する現象を指す。しかし，労働投入量がある閾値を超えると分業の利益は失われ，これまでみたように労働の限界生産物は逓減するとしよう。このとき，総生産物曲線の形状は図 6.4 に示されるような S 字型となり，総生産物曲線の内側の領域すなわち生産可能集合は凸にならない [*12]。

*11 そのほか，生産要素（ここでは，労働）の投入量がある閾値に到達するまで生産が開始されないようなケースなどでも操業停止条件を吟味する必要が生じます。例えば，[3] 神取（2014）の第 2 章を参照しましょう。

総生産物曲線が図 6.4 に示されたような形状である場合，図 4.2 に示された手順をふむことで，総費用曲線は図 6.5 上パネルに示されるような形状となることがわかる。このことから，平均可変費用曲線と限界費用曲線は図 6.5 下パネルに示されるような形状となる。これらの費用曲線の形状と位置関係については，以下の 2 点を押さえることが重要である。

(1) 平均可変費用曲線は U 字型の形状をとる。
(2) 限界費用曲線が平均可変費用曲線の最小点 S を下から通過する。

(1) については，図 6.5 上パネルにおいて平均可変費用が点 O_v と総費用曲線上の任意の点を結んだ直線の傾きであらわされることから理解できる [13]。(2) については，図 6.5 上パネルにおいて点 O_v と総費用曲線上の任意の点を結んだ直線の傾きが平均可変費用 AVC をあらわすこと，またその大きさは点 O_v と総費用曲線上の任意の点を結んだ直線がちょうど総費用曲線と接する点 A において最小となることから理解できる。より厳密には，

$$VC(x) = x \cdot AVC(x)$$
$$\Leftrightarrow \frac{dVC(x)}{dx} = \frac{dx}{dx} \cdot AVC(x) + x \cdot \frac{dAVC(x)}{dx}$$
$$\Leftrightarrow MC(x) = AVC(x) + x \cdot \frac{dAVC(x)}{dx} \tag{6.9}$$

という関係式が成立することから [14]，限界費用曲線と平均可変費用曲線の位置関係について以下のことがわかる（$0 \leq x$ に注意）。

- $\frac{dAVC(x)}{dx} < 0$ すなわち平均可変費用曲線が右下がりの形状をとる生産量の範囲では，平均可変費用曲線が限界費用曲線の上方に位置する。
- $0 < \frac{dAVC(x)}{dx}$ すなわち平均可変費用曲線が右上がりの形状をとる生産量の範囲では，限界費用曲線が平均可変費用曲線の上方に位置する。
- $\frac{dAVC(x)}{dx} = 0$ すなわち平均可変費用曲線の頂点では，限界費用 MC と平均可変費用 AVC が等しくなる。

生産物価格 p が操業停止価格を下回ると企業は操業を停止し，その生産量はゼロとなる。ゆえに，個別供給曲線は図 6.5 下パネルに太線で示されるように，生産物価格に応じて

$$\begin{cases} p = MC(x) & p_s \leq p \text{ のとき} \\ x = 0 & p < p_s \text{ のとき} \end{cases}$$

という 2 つの領域からなる。ただし，p_s は平均可変費用関数の最小値をあらわす。図 6.5 下パネルにおける点 S を **操業停止点**（shutdown point）という。

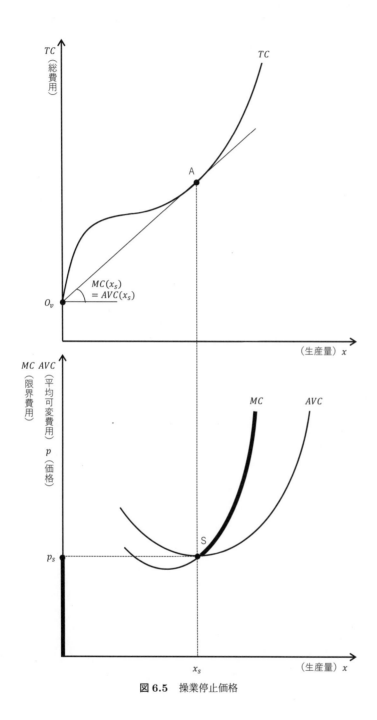

図 6.5　操業停止価格

確認問題 6.2

ある企業の総費用関数が

$$TC = \frac{x^3}{3} - 2x^2 + 13x + 10$$

であらわされる。ただし，TC は総費用，x は生産量である。

(1) 生産物価格を p として，この企業の個別供給曲線を求めなさい。

(2) 固定費用が 20 に増加した場合，(1) で求めた個別供給曲線はどうなるか説明しなさい。

第 II 部　文献案内

[1]　芦谷政浩（2009）『ミクロ経済学』有斐閣。

[2]　奥野正寛（編著）（2008）『ミクロ経済学』東京大学出版会。

[3]　神取道宏（2014）『ミクロ経済学の力』日本評論社。

[4]　武隈慎一（2016）『新版　ミクロ経済学』新世社。

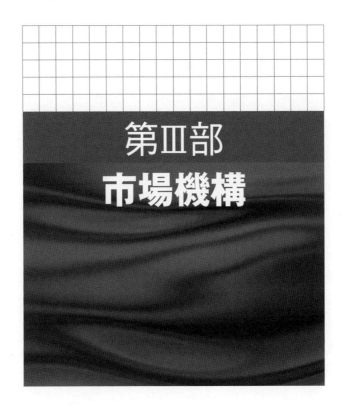

第Ⅲ部

市場機構

第 7 講

市場均衡

本講の目標

- 競争市場における市場均衡の性質について説明できる。
- 総余剰の概念について説明できる。
- 政府による直接的な市場介入が資源配分に及ぼす影響について説明できる。

7.1 競争市場の均衡

X 財の市場需要関数を

$$D = D(p) \tag{7.1}$$

とあらわす。ただし，p は X 財の価格である。同様に，X 財の市場供給関数を

$$S = S(p) \tag{7.2}$$

とあらわす。X 財の市場において，市場全体の供給量と市場全体の需要量が等しい，すなわち

$$D(p^*) = S(p^*) = x^*(p^*) \tag{7.3}$$

が成立する状態を**市場均衡**（market equilibrium）という。また，(7.3) 式における p^* を**(市場) 均衡価格**（equilibrium price），x^* を**均衡取引量**（equilibrium quantity）という。

図 7.1 には，市場需要曲線 DD' と市場供給曲線 SS' が示されている。これら 2 つの曲線の交点を**市場均衡点**（equilibrium point）という。いうまでもなく，市場均衡点の x 座標が均衡取引量，y 座標が均衡価格である。

(完全) 競争市場（competitive market）においては，市場に参加するすべての経済主体が市場全体の需給が一致するように決定される均衡価格 p^* を所与

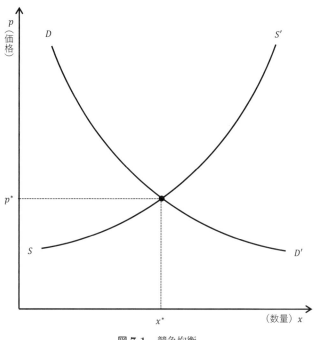

図 7.1　競争均衡

*1 ここでいう「最適化行動」とは，消費者であれば効用最大化行動，生産者であれば利潤最大化行動を指します。

*2 これまでの議論から明らかなように，任意の価格水準において需要曲線上の点では消費者の効用が最大化されており，供給曲線上の点では生産者の利潤が最大化されています。市場均衡点は両方の曲線上にあることを確認しましょう（あたりまえですが）。

*3 より一般的には，需要曲線をシフトさせる要因として消費者の嗜好の変化や消費者の数の増減のほかに所得の変化を挙げることができます。しかしながら，本書では効用関数の準線形性を仮定しているため，所得が変化しても需要量は変化しません。第Ⅰ部をおさらいしましょう。

として最適化行動をとる*1。なお，個別経済主体が最適化行動をとっている状態を**主体的均衡**（subjective equilibrium）という。競争市場では市場均衡点において市場全体の需給が一致するとともに，均衡価格のもとですべての経済主体の主体的均衡が実現している。その意味で，特に競争市場における市場均衡を**競争均衡**（competitive equilibrium）ということがある*2。

7.2　曲線のシフト

　X 財の市場全体の需要量は，価格以外にもさまざまな変数の関数となる。市場需要曲線は横軸に数量，縦軸に価格をとった座標平面に描かれるので，例えば消費者の嗜好や消費者の数といった価格以外の要因が変化すると，市場需要曲線は任意の価格水準においてシフトする*3。こうした価格以外の要因の変化によって需要曲線がシフトし，すべての価格水準において需要量が変化することを**需要の変化**（change in demand）という。それに対して，他の要因は一定のもとで，価格の変化によって（同一の需要曲線上を移動して）需要量が変化することを**需要量の変化**（change in quantity demanded）という。

　同様に，X 財の市場全体の供給量に影響する諸要因のうち，例えば生産要素価格，技術水準，あるいは生産者の数といった価格以外の要因が変化すると，市場供給曲線は任意の価格水準においてシフトする。こうした価格以外

の要因が変化することで供給曲線がシフトし，すべての価格水準において供給量が変化することを**供給の変化**（change in supply）という。それに対して，他の要因は一定のもとで，価格の変化によって（同一の供給曲線上を移動して）供給量が変化することを**供給量の変化**（change in quantity supplied）という。

需要・供給曲線のシフト

需要ないし供給に影響する価格以外の要因が変化すると，それぞれ需要曲線ないし供給曲線がシフトする。

確認問題 7.1

　大学入試センター試験平成 27 年度本試験「政治・経済」には，需要曲線と供給曲線のシフトに関する問題が出題されている。そこでは，スポーツ用品を生産する多国籍企業が，児童労働に対する国際的な批判の高まりから，児童を雇用することを止めて労働者により高い賃金を支払うようになると，供給曲線が左方にシフトすることを答えることが求められている。このことについて，他の条件を一定として，なぜ生産者が労働者により高い賃金を支払うようになると供給曲線が左方にシフトするのか。供給曲線の導出過程に着目して簡潔に説明しなさい。ただし，以下の用語をすべて用いること。

〔 可変費用　限界費用　市場供給曲線　水平和 〕

7.3　市場機構による調整

　図 7.2 には X 財の市場需要曲線 D_0D_0' と市場供給曲線 S_0S_0' が描かれている。当初の市場均衡点は両曲線の交点 E_0 であり，このとき市場均衡価格は p_0^*，均衡取引量は x_0^* である。いま，何らかの理由から市場供給曲線が S_0S_0' から S_1S_1' に右方シフトしたとする。すると，図 7.2（a）に示されるように，従前の市場均衡価格 p_0^* のもとでは市場全体の供給量 x_0^s が市場全体の需要量 x_0^* を上回り，市場に $x_0^s - x_0^*$ だけの**超過供給**（excess supply）が発生することになる [*4]。こうした場合，望むだけの量を販売できない企業は，従前より低い価格であっても，それが企業にとっての最低支払要求額である限界費用を上回る限りは追加の取引に応じるであろう。こうして，X 財の価格は競争的に下

*4 過少需要といっても同じです（あたりまえですが）。

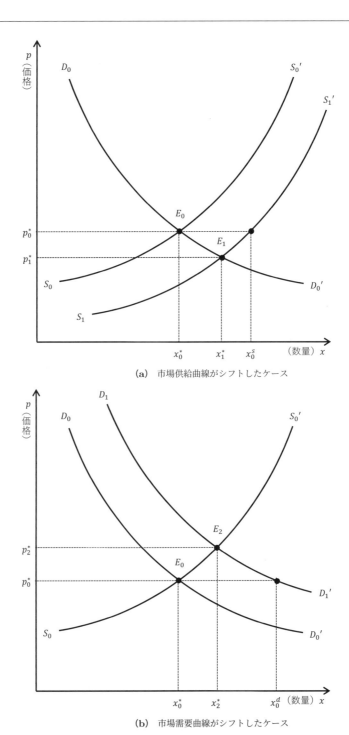

(a) 市場供給曲線がシフトしたケース

(b) 市場需要曲線がシフトしたケース

図 7.2　ワルラス的調整過程

落していく。価格の下落は需要量の増加と供給量の減少を同時にもたらし，新たな均衡価格 $p_1^*(< p_0^*)$ のもとで再び市場全体の需給が一致することになる。

　あるいは，何らかの理由で市場需要曲線が D_0D_0' から D_1D_1' に右方シフト

したとしよう。図 7.2 (b) に示されるように，従前の市場均衡価格 p_0^* のもと
では市場全体の需要量 x_0^d が市場全体の供給量 x_0^* を上回り，市場に $x_0^d - x_0^*$ だ
けの**超過需要**（excess demand）が発生することになる [*5]。こうした場合，望
むだけの量を購入できない消費者は，従前より高い価格であっても，それが消
費者にとっての最高支払意思額である限界便益を下回る限りは追加の取引に応
じるであろう。こうして，X 財の価格は競争的に上昇していく。価格の上昇は
需要量の減少と供給量の増加を同時にもたらし，新たな均衡価格 $p_2^*(> p_0^*)$ の
もとで再び市場全体の需給が一致することになる。このように，価格を媒介と
した市場の需給調整メカニズムを**ワルラス的調整過程**（Walrasian adjustment
process）という [*6]。

　他方，価格ではなく数量（より具体的には，供給量）を媒介とした市場の需給
調整メカニズムを**マーシャル的調整過程**（Marshallian adjustment process）
という [*7]。例えば，自動車や家電といった財の市場においては，企業は価格
の頻繁な変更よりも供給量による調整を選好するかもしれない。なぜなら，こ
うした財の場合，市場が超過供給の状態にあっても，企業は価格を引き下げる
ことなく生産物の一部を在庫として積み増すことで，超過供給を解消すること
ができるからである。また，市場が超過需要に陥った場合にも，規格化された
工業製品であれば比較的速やかに供給量を増加させることができるであろう。
他方，農林水産物の市場で超過供給（超過需要）が発生した場合，生産者が瞬
時に供給量を削減（追加）できるとは考えにくい。その場合，市場全体の需給
調整は価格の変化によるほかはない。農林水産物の価格がときに乱高下するの
は，市場がワルラス的な需給調整の過程にあるのだと考えられる。

　ワルラス的調整過程とマーシャル的調整過程のいずれによろうとも，市場需
要曲線の形状が右下がりで，かつ市場供給曲線の形状が右上がりであるなら
ば，市場が何らかの原因によって均衡から逸脱しても，価格もしくは数量（供
給量）が調整されて，やがて新たな均衡に到達することが知られている [*8]。こ
のとき，市場均衡は**安定的**（stable）であるという。これ以降の議論では，市
場においてワルラス的調整過程が十分に機能することを前提として議論を進め
る。

市場均衡の安定性 ―――――――――

市場需要曲線の形状が右下がりで，かつ市場供給曲線の形状が右上がり
であるならば，市場均衡は安定的である。

[*5] 過少供給といっても同じです
（あたりまえですが）。

[*6] フランスの経済学者ワルラス
（Léon Walras）(1834–1910) に
ちなみます。

[*7] 英国の経済学者マーシャル
（Alfred Marshall）(1842–1924)
にちなみます。

[*8] 市場均衡が安定的となる条件
については，[1] 芦屋（2009）の
第 1 章などを参照しましょう。

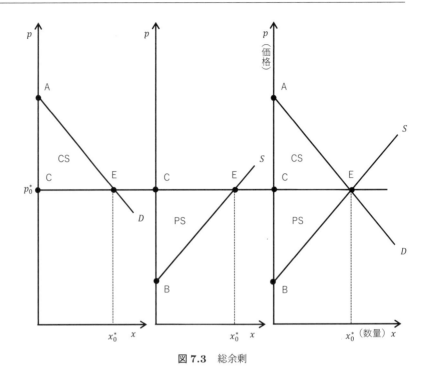

図 7.3 総余剰

7.4 社会的厚生

　企業の最終的な所有者は家計である。ゆえに、生産者余剰も最終的には所得として家計に分配される。このことから、X 財が市場で取引されることで社会全体にもたらされる**社会的厚生**（social welfare）は、生産者余剰 PS と消費者余剰 CS の合計で測ることができる。これを**総余剰**（total surplus; TS）ないし**社会的余剰**（social surplus）という。

　図 7.3 には、X 財の市場需要曲線 D と市場供給曲線 S が描かれている。図 7.3 右パネルに示されるように、均衡価格は p_0^*、均衡取引量は x_0^* である。消費者余剰 CS は $\triangle ACE$ の面積、生産者余剰 PS は $\triangle BCE$ の面積であらわされる。総余剰 TS は消費者余剰 CS と生産者余剰 PS の合計であるから、その大きさは市場需要曲線の左方、市場供給曲線の左方、および縦軸の右方で形成される領域、すなわち $\triangle ABE$ の面積であらわされる。なお、積分法による総余剰の一般的な表現については、本講の補論において説明される。

> **総余剰**
> 社会全体がある財の取引によって得る経済的利益の総計を総余剰という。

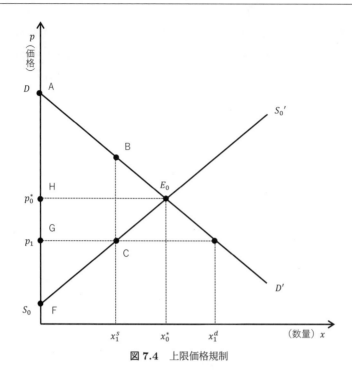

図 7.4　上限価格規制

7.5　政府による直接的な市場介入

　図 7.4, 図 7.5, および図 7.6 には, X 財の市場需要曲線 DD' と市場供給曲線 S_0S_0' が示されている。市場均衡価格は p_0^*, 均衡取引量は x_0^* である。政府による直接的な市場介入の手段としては, 財の価格を統制する**価格規制** (price control) と, 財の供給量を統制する**数量規制** (quantity control) がある。価格規制はさらに財の価格を市場均衡価格よりも低い水準に統制する上限価格規制と, 市場均衡価格よりも高い水準に統制する下限価格規制に区分される。

(a) 上限価格規制

　図 7.4 に示されるように, 政府が何らかの政策的意図から X 財の価格を市場均衡価格 p_0^* を下回る p_1 に統制したとする ($p_1 < p_0^*$)。このとき, 価格の上限である p_1 を**上限価格** (price ceiling) という。価格 p_1 のもとで, X 財の需要量は x_1^d に増加する一方, 供給量は x_1^s に減少する。供給量が需要量を下回るので, 取引量は供給量である $x_1^s (< x_1^d)$ の方に一致する。一般に, 実際の取引量が需要量と供給量の小さい方に一致することを**ショートサイドの原理** (short-side principle) という [9]。

　上限価格規制のもとでは市場に超過需要が生じるため, 何らかの規準をもとに X 財の消費を消費者に割り当てる必要が生じる。割当方法は複数考えられるが, 総余剰が最大化されるのは最も高い限界便益を得る消費者から順に割り

[9] 例えば, ビスケットの需要量が 30 枚あっても供給量が 10 枚しかなければ, 実際に取引が成立する量は 10 枚ですよね？

当てる方法である。このとき，消費者余剰は図 7.4 における □$ABCG$ の面積，生産者余剰は CFG の面積であらわされるから，両者の和である総余剰は □$ABCF$ の面積であらわされる。これを自由な市場におけるそれと比較すると，政府による上限価格規制によって総余剰が △BCE_0 の面積だけ減少することがわかる。

　一般に，実際の取引量が競争市場における均衡取引量と乖離することで生じる総余剰の減少分を**死荷重**（deadweight loss）（ないし，**死重的損失**）という。また，座標平面で死荷重の大きさをあらわす三角形（ここでは，図 7.4 における △BCE_0）を**ハーバーガーの三角形**（Harberger's triangle）という[*10]。死荷重の発生は分配の原資である総余剰の一部が失われてしまうという意味で，社会全体に不利益をもたらす。このことから，ときに死荷重は「悪魔の取り分」になぞらえられる。消費者が享受する限界便益が生産者が負担する限界費用を上回るならば，その取引が実現することで総余剰が増加する。価格の上限規制によって死荷重が発生するのは，こうした社会的に実現することが望ましい取引が政府の介入によって $x_0^* - x_1^s$ だけ阻害されるからである。

　さらに留意すべきは，価格の上限規制によって発生する死荷重が図 7.4 における △BCE_0 の面積であらわされるというのは，最善のシナリオに過ぎないということである。消費者の限界便益を政府が観察できなければ（実際にそれはきわめて困難であろう），「最も高い限界便益を得る消費者から順に消費を割り当てる」という方法をとることはできないからである。それ以外の方法（例えば，クジ，早い者勝ち，あるいは政府との「コネ」の有無）で消費者に X 財を割り当てた場合，死荷重は △BCE_0 の面積よりもさらに大きくなる。

(b) 下限価格規制

　図 7.5 に示されるように，政府が何らかの政策的意図から X 財の価格を市場均衡価格 p_0^* を上回る p_2 に統制したとする（$p_0^* < p_2$）。このとき，価格の下限である p_2 を**下限価格**（price floor）という。価格 p_2 のもとで，X 財の供給量は x_2^s に増加する一方，需要量は x_2^d に減少する。需要量が供給量を下回るので，取引量は需要量である $x_2^d (< x_2^s)$ に一致する。

　下限価格規制のもとでは市場に超過供給が生じるため，何らかの規準をもとに X 財の生産を企業に割り当てる必要が生じる。割当方法は複数考えられるが，総余剰が最大化されるのは X 財の生産を最も低い限界費用で実現できる企業から順に割り当てる方法である。このとき，消費者余剰は図 7.5 における △ABH の面積，生産者余剰は □$BCFH$ の面積であらわされるから，両者の和である総余剰は □$ABCF$ の面積であらわされる。これを自由な市場におけるそれと比較すると，政府による下限価格規制によって △BCE_0 の面積であらわされる死荷重が発生することがわかる。価格の下限規制によって死荷重が

*10 米国の経済学者ハーバーガー（Arnold Carl Harberger）（1924–）にちなみます。

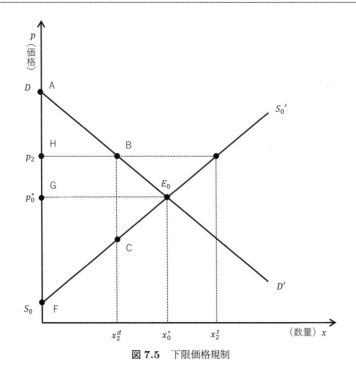

図 7.5 下限価格規制

発生するのは，限界便益が限界費用を上回る社会的に実現することが望ましい取引が政府の介入によって $x_0^* - x_2^d$ だけ阻害されるからである。

さらに留意すべきは，価格の下限規制によって発生する死荷重が図 7.5 における $\triangle BCE_0$ の面積であらわされるというのは，最善のシナリオに過ぎないということである。企業の限界費用を政府が観察できなければ（実際にそれはきわめて困難であろう），「最も低い限界費用で生産できる企業から順に生産を割り当てる」という方法をとることはできないからである。これ以外の方法（例えば，クジ，早い者勝ち，あるいは政府との「コネ」の有無）で企業に生産を割り当てた場合，死荷重は $\triangle BCE_0$ の面積よりもさらに大きくなる。

(c) 数量規制

図 7.6 に示されるように，政府が何らかの政策的意図から X 財の供給量を均衡取引量 x_0^* を下回る x_3^s に統制したとする（$x_3^s < x_0^*$）。このことは，市場供給曲線が当初の $S_0 S_0'$ から $S_0 S_1'$ に変化することを意味するので，X 財の価格は $p_3(p_0^* < p_3)$，取引量は x_3^s となる。しかしながら，価格 p_3 のもとでの潜在的な供給量は $x_3^{s\prime}$ であり[11]，需要量 x_3^s を上回る。

数量規制のもとでは市場に潜在的な超過供給が生じるため，何らかの規準をもとに X 財の生産を企業に割り当てる必要が生じる。割当方法は複数考えられるが，総余剰が最大化されるのは X 財の生産を最も低い限界費用で実現できる企業から順に割り当てる方法である。このとき，消費者余剰は図 7.6 にお

[11] ここでいう「潜在的な供給量」とは，政府による数量規制が無かった場合の供給量という意味です。

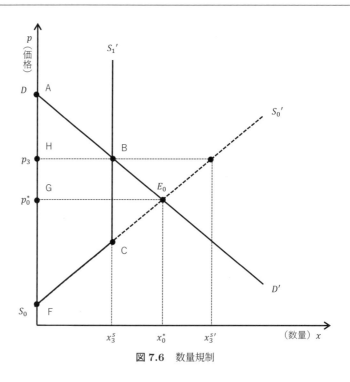

図 7.6　数量規制

ける △ABH の面積，生産者余剰は □$BCFH$ の面積であらわされるから，両者の和である総余剰は □$ABCF$ の面積であらわされる。これを自由な市場におけるそれと比較すると，政府による数量規制によって △BCE_0 の面積であらわされる死荷重が発生することがわかる。政府による数量規制が死荷重を発生させるのは，限界便益が限界費用を上回る社会的に実現することが望ましい取引が政府の介入によって $x_0^* - x_3^s$ だけ阻害されるからである。

さらに留意すべきは，数量規制によって発生する死荷重が図 7.6 における △BCE_0 の面積であらわされるというのは，最善のシナリオに過ぎないということである。下限価格規制の場合と同様，企業の限界費用を政府が観察できなければ（実際にそれはきわめて困難であろう），「最も低い限界費用で生産できる企業から順に生産を割り当てる」という方法をとることはできないからである。これ以外の方法（例えば，クジ，早い者勝ち，あるいは政府との「コネ」の有無）で企業に生産を割り当てた場合，死荷重は △BCE_0 の面積よりもさらに大きくなる。

┌─ **競争市場の効率性** ───────────────

政府による市場介入は自由な市場と比較して総余剰の減少すなわち死荷重をもたらす。

確認問題 7.2

　日本で学校教員になるためには教員免許が必要である。教員免許状の発行数がおおよそ大学の教員養成課程の入学定員によって決まるとすれば，学校教員の労働供給は政府による数量規制下にあることになる。また，公立学校の教員は公務員であるから，その賃金も政府による価格規制下にある。このことが日本社会にもたらす潜在的な費用について，余剰分析の枠組を用いて論じなさい。

補論 ★　積分法による総余剰の一般的な表現

(2.8), (5.8) 式から, 総余剰 TS は消費者余剰 CS と生産者余剰 PS の和として以下のようにあらわされる。

$$
\begin{aligned}
TS &= CS + PS \\
&= \left(\int_0^{x_0^*} u'(x)dx - p_0 \cdot x_0^* \right) + \left(p_0 \cdot x_0^* - \int_0^{x_0^*} MC(x)dx \right) \\
&= \int_0^{x_0^*} u'(x)dx - \int_0^{x_0^*} MC(x)dx \qquad (7.4)
\end{aligned}
$$

ただし, p_0 は X 財の均衡価格, x_0^* は均衡取引量, u' は限界便益関数（逆需要関数）, MC は限界費用関数（逆供給関数）である。

(7.4) 式の右辺第 1 項は需要曲線の下方の領域の面積であり, 消費者が財の消費から得る総便益の大きさをあらわしている。他方, 右辺第 2 項は供給曲線の下方の領域の面積であり, 生産者が負担する可変費用の大きさをあらわしている。このことから, (7.4) 式は総余剰が需要曲線の下方, 供給曲線の上方, および縦軸の右方で形成される領域の面積であらわされることを示している。なお, (7.4) 式から, 総余剰 TS は取引量 x のみに依存し, 価格 p には依存しないことがわかる。これは, 消費者の支払額と企業の総収入が互いに相殺し合うからである。

なお, 微分積分学の基本定理から, 総余剰 TS を最大化する取引量 x は以下の条件を満たす [*12]。

$$
\begin{aligned}
\frac{dTS}{dx} &= \frac{d}{dx} \int_0^x u'(z)dz - \frac{d}{dx} \int_0^x MC(z)dz = 0 \\
&\Leftrightarrow u'(x) = MC(x) \qquad\qquad (7.5)
\end{aligned}
$$

(7.5) 式は, 総余剰 TS が消費者の限界便益（左辺）と企業の限界費用（右辺）が等しくなる取引量において最大となることを示している。言うまでもなく, 消費者の限界便益と企業の限界費用が等しくなる取引量は市場需要曲線と市場供給曲線の交点に対応する均衡取引量である。つまり, 総余剰 TS は競争市場において最大となるのである。

[*12] (7.5) 式は以下の関係が成立することを利用して式変形を行っています。すなわち, $F(x)$ が $f(x)$ の原始関数ならば,

$$
\begin{aligned}
&\frac{d}{dx} \int_a^x f(z)dz \\
&= \frac{dF(x)}{dx} - \frac{dF(a)}{dx} \\
&= f(x)
\end{aligned}
$$

となります。要は, 「ある関数を積分したものを微分すれば, 元の関数に戻る」ということです。

第 8 講

租税と補助金

本講の目標

- 政府による物品税と生産補助金の導入が資源配分に及ぼす影響について説明できる。
- 物品税の負担の転嫁と帰着について説明できる。
- 一括固定税について効率性と公平性の観点から評価できる。

8.1 物品税

　現代の資本主義国家では政府による広範な市場介入が見られるが，その最たる手段の一つは財の取引を対象とした課税である。こうした税を総称して物品税という。物品税のうち，消費税のように政府が一定の税率を取引される財の価格に上乗せする課税方式の税を**従価税**（ad valorem tax）という。他方，酒税，ガソリン税，あるいはたばこ税のように取引量を課税標準とする課税方式の税を**従量税**（per unit tax）という[*1]。

　いま，政府が消費者に X 財の購入量 1 単位毎に $t(> 0)$ の従量税を課すとしよう。すると，消費者の予算制約式は（1.8）式から以下のように変化する。

$$y = m + p \cdot x + t \cdot x \tag{8.1}$$

ただし，y は所得，m は貨幣の保有量，p は X 財の価格，x は X 財の購入量である。（8.1）式の右辺第 3 項が消費者の納税額をあらわす。消費者の効用関数が従来と同じ（1.6）式であらわされるならば，それに（8.1）式を代入することで，

$$U(x) = u(x) + y - (p + t)x \tag{8.2}$$

を得る。これが，消費者が新たに最大化すべき目的関数である。これより，課

*1 従量税の例としては，この他にも「入湯税」や「宿泊税」が挙げられます。東京都主税局の WEB サイトによると，都内に立地する 1 人 1 泊の宿泊料金が 10,000 円以上 15,000 円未満のホテル・旅館に宿泊する場合には，1 泊あたり 100 円，宿泊料金が 15,000 円以上の場合には 200 円の税金が利用料金に加算されます（2022 年 4 月現在）。また，「ゴルフ場利用税」なんてものまで存在します。

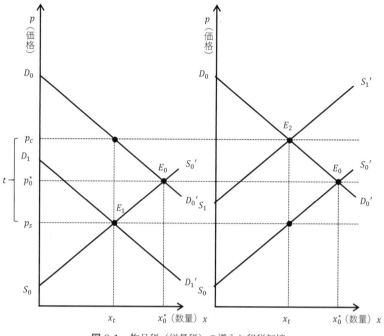

図 8.1 物品税（従量税）の導入と租税転嫁

税後の消費者の最適化条件は

$$\frac{dU(x)}{dx} = u'(x) - p - t = 0$$
$$\Leftrightarrow p = u'(x) - t \tag{8.3}$$

となる。

　(8.3) 式は消費者に X 財 1 単位あたり $t(>0)$ の従量税が課されると，需要曲線が税率 t だけ下方にシフトすることを示している。これを描示したのが図 8.1 左パネルである。課税前の需要曲線は $D_0 D_0'$，課税後のそれは $D_1 D_1'$ であり，両者の垂直距離は税率 t に等しい。需要曲線が税率 t だけ下方にシフトした結果，X 財の取引価格は課税前の p_0^* から p_s まで低下し，また取引量は x_0^* から x_t まで減少する。ただし，納税義務を負う消費者が実際に負担するのは企業に支払う p_s に税額 t を加えた図中の $p_c(= p_s + t)$ である。p_c は消費者が 1 単位の X 財を購入するために実際に支払う必要がある金額であり，これを**消費者価格**（consumer price）という。それに対して，p_s は企業が 1 単位の X 財を販売するごとに実際に受け取る金額 であり，これを**生産者価格**（producer price）という。図 8.1 左パネルに示されるように，従量税の賦課は消費者価格 p_c と生産者価格 p_s をちょうど税率 t だけ乖離させるのである。

　図 8.1 左パネルに示されるように，消費者に X 財の取引にともなう物品税が課されると，消費者価格 p_c が従前の均衡価格 p_0^* を上回る水準に上昇する。消費者にとっては同じ X 財 1 単位を消費するための消費費用（すなわち，限

界消費費用）が課税によって増加したのだから，両者の差である $p_c - p_0^*$ が取引量 1 単位あたりの消費者の税負担にほかならない。それと同時に，生産者価格 p_s も従前の均衡価格 p_0^* を下回る水準まで低下する。企業にとっては同じ X 財 1 単位を生産することで得られる収入（すなわち，限界収入）が課税によって減少したのだから，両者の差である $p_0^* - p_s$ が取引量 1 単位あたりの企業の税負担にほかならない。当然のことながら，消費者と企業それぞれの取引量 1 単位あたりの税負担額の合計は，

$$(p_c - p_0^*) + (p_0^* - p_s) = p_c - p_s = t \tag{8.4}$$

となり，税率 t に一致する。ここでは，直接的な納税義務を負わない企業が，実際には税の一部を負担していることに注意しよう。

　消費者余剰と生産者余剰に対応する概念として，市場取引に介入することで生じる政府の税収の増分を**政府余剰**（government surplus; GS）という。税率は t，課税後の取引量は x_t なので，政府余剰 GS は図 8.2 左パネルにおける □E_1FHE_2 の面積であらわされる。そのうち，消費者の実質的な税負担額は □$BGHE_2$ の面積，企業のそれは □BE_1FG の面積であらわされる。当然のことながら，消費者と企業それぞれの実質的な税負担額の合計は，

$$\square BGHE_2 + \square BE_1FG = \square E_1FHE_2 \tag{8.5}$$

となり，政府余剰に一致する。

政府余剰の定義

政府がある財の取引に介入することによって得る税収の増分を政府余剰という。

　なぜ，消費者に課されたはずの税負担の一部が直接的には納税義務を負わない企業にも転嫁されるのだろうか。その理由を考察するために，X 財の取引にともなう物品税の納税義務が消費者ではなく企業に課される場合を考えよう。生産量に応じた従量税の賦課は企業にとって可変費用の増加を意味するので，企業の利潤関数は（4.1）式から以下のように修正される。

$$\pi(x) = p \cdot x - TC(x) - t \cdot x \tag{8.6}$$

ただし，π は利潤，TC は生産にかかる総費用，t は税率，x は生産量である。（8.6）式の右辺第 3 項が企業の納税額をあらわす。これより，課税後の企業の

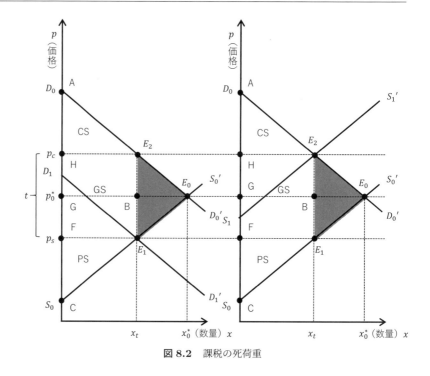

図 8.2　課税の死荷重

最適化条件は

$$
\begin{aligned}
\frac{d\pi(x)}{dx} &= p - \frac{dTC(x)}{dx} - t = 0 \\
&\Leftrightarrow p = MC(x) + t
\end{aligned}
\tag{8.7}
$$

となる。ただし，$MC(x) \equiv dTC(x)/dx$ は生産にかかる限界費用である。

　（8.7）式は企業に税率 $t(> 0)$ の従量税が課されると，供給曲線が t だけ上方にシフトすることを示している。これを描示したのが図 8.1 右パネルである。課税前の供給曲線は $S_0 S_0'$，課税後のそれは $S_1 S_1'$ であり，両者の垂直距離は税率 t に等しい。供給曲線が税率 t だけ上方にシフトした結果，X 財の取引価格は課税前の p_0^* から p_c まで上昇し，また取引量は x_0^* から x_t まで減少する。このとき，消費者価格は p_c，生産者価格は消費者からの受取額から税額を控除した $p_s(= p_c - t)$ となる[2]。

　図 8.1 左パネルと同右パネルの比較からわかるように，X 財の取引にともなう直接的な納税義務を消費者と企業のいずれが負うかは，両者の実際の税負担率に影響しない。このことは，直接的な納税義務を消費者が負う場合の図 8.2 左パネルと企業が負う場合の同右パネルの両方で，いずれにおいても消費者の実質的な税負担額は $\square BGHE_2$ の面積，企業のそれは $\square BE_1 FG$ の面積であらわされることからも明らかである。一般に，物品税の帰着は直接的な納税義務の所在には依存しない。財の取引に物品税が課されたとき，直接的には納税義務を負わない経済主体が税負担の一部を担うことを**租税転嫁**（tax shifting）

*2 国税庁の WEB サイトによると，ビール 500 ml あたりの酒税額は 100 円です（2022 年 4 月現在）。ゆえに，例えばビール 500 ml 缶 1 本あたりの消費者価格 p_c が 250 円だとすると，生産者価格 p_s は 250 円から 100 円を差し引いた 150 円ということになります。

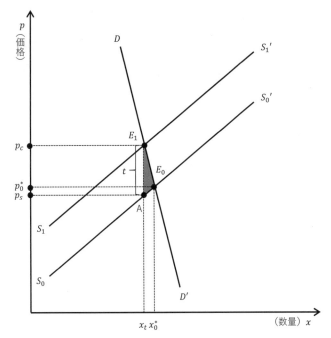

図 8.3　需要・供給の価格弾力性と税負担

という ^{*3}。

*3 例えば，酒税の直接的な納税義務が企業ではなく消費者に課されたとしても，需要の減少によって結局は企業の利潤が減少してしまうのです。

───**納税義務と税負担**───────────
　物品税の実質的な負担割合は直接的な納税義務の有無に依存しない。

　それでは，物品税の実質的な税負担の割合を決定する要因は何だろうか。端的に言えば，それは価格変化に対する需要と供給の感応度の違いである。図 8.3 には，たばこの需要曲線 DD' と供給曲線 $S_0 S_0'$ が示されている。需要曲線 DD' の勾配が通常のそれよりも急なのは，たばこに含有されるニコチンに中毒性があるため，価格が上昇しても需要量が大きくは減少しないからである。図 8.3 においては，明らかに消費者の負担割合 $p_c - p_0^*$ が企業の負担割合 $p_0^* - p_s$ を上回っている（$p_0^* - p_s < p_c - p_0^*$）。価格変化に対する需要の感応度は，**需要の価格弾力性**（price elasticity of demand）によって測られる。同じく，価格変化に対する供給の感応度は，**供給の価格弾力性**（price elasticity of supply）によって測られる。両者の厳密な定義については，本講の補論において説明される。図 8.3 から類推されるように，一般に需要の価格弾力性が小さいほど，消費者の実質的な税負担の割合は大きくなる。反対に，供給の価格弾力性が小さいほど，企業の実質的な税負担の割合が大きくなる。
　ところで，物品税の賦課は総余剰にどのような影響を及ぼすだろうか。課税

後の消費者余剰 CS は図 8.2 の $\triangle AE_2H$, 生産者余剰 PS は $\triangle CE_1F$, 政府余剰 GS は $\square E_1FHE_2$ の面積であらわされる。政府余剰 GS は公共サービスとしていずれは家計部門に還元されるので，いまや総余剰 TS は消費者余剰 CS，生産者余剰 PS，および政府余剰 GS の合計として定義される。課税前の総余剰は図 8.2 における $\triangle ACE_0$ の面積であらわされることから，**課税の死荷重**（deadweight loss of taxation）は $\triangle E_0E_1E_2$ の面積であらわされる。

なお，たばこ税の課税による死荷重は，図 8.3 における $\triangle AE_0E_1$ の面積であらわされる。図 8.2 と図 8.3 の比較から，需要ないし供給の価格弾力性が小さいほど，課税の死荷重は小さくなることがわかる。これは，物品税の賦課にともない消費者価格と生産者価格が乖離しても，たばこのように需要の価格弾力性が小さい財の場合は取引量の減少が一般的な財と比較して抑制されるからである [*4]。

*4 別の見方をすれば，たばこ税や酒税といった財への課税は税収確保が相対的に容易であることになります。なぜなら，課税しても財の取引量があまり減少しないからです。どうりですぐに税金が上がると思った！

物品税と社会的厚生

政府による物品税の賦課は死荷重を発生させる。

確認問題 8.1

ある財の需要関数と供給関数が次のようにあらわされる。ただし，p は価格，x は需要量ないし供給量である。

$$x = 6 - \frac{p}{2} \qquad \text{（需要関数）}$$
$$x = p \qquad \text{（供給関数）}$$

(1) 企業に税率 6 の従量税が課される場合，課税の死荷重を求めなさい。

(2) 消費者に税率 6 の従量税が課される場合，課税の死荷重を求めなさい。

(3) (1) と (2) のそれぞれについて，消費者と企業のあいだの実質的な税負担の割合を求めなさい。

8.2 一括固定税

財の取引に対してではなく，経済主体に一定の税額を課す課税方式を**一括固定税**（lump-sum tax）という。特に，消費者を対象とした一括固定税は**人頭税**（poll tax）ともいわれる。消費者に税額 T_c の一括固定税が課された場合，

予算制約式は課税前の（1.8）式から以下のように修正される。

$$y = p \cdot x + m + T_c \tag{8.8}$$

ただし，y は所得，p は X 財の価格，x は X 財の消費量，m は貨幣の保有量である。また，これまでと同様に効用関数は（1.6）式であらわされるとする。（1.6），（8.8）式より，消費者が最大化すべき目的関数は以下のように修正される。

$$U = u(x) + y - p \cdot x - T_c \tag{8.9}$$

これより，効用最大化のための 1 階条件は

$$\frac{dU}{dx} = u'(x) - p = 0$$
$$\Leftrightarrow p = u'(x) \tag{8.10}$$

となる。（8.10）式は一括固定税が課される前の消費者の最適化条件である（1.11）式と一致する [*5]。ゆえに，消費者に一括固定税が課されても需要曲線は不変である。

　今度は，企業に T_s だけの一括固定税が課された場合を考えよう。その場合，企業の利潤関数は課税前の（4.1）式から以下のように修正される。

$$\pi = p \cdot x - TC(x) - T_s \tag{8.11}$$

ただし，π は利潤，x は X 財の生産量，TC は生産にかかる総費用である。これから，利潤最大化のための 1 階条件は

$$\frac{d\pi}{dx} = p - \frac{dTC(x)}{dx} = 0$$
$$\Leftrightarrow p = MC(x) \tag{8.12}$$

となる。ただし，$MC(x) \equiv dTC/dx$ は限界費用である。（8.12）式は一括固定税が課される前の生産者の最適化条件である（4.9）式と一致する [*6]。ゆえに，生産者に一括固定税が課されても供給曲線は不変である。

　図 8.2 から明らかなように，物品税の課税によって総余剰が減少する理由は，限界便益が限界費用を上回る社会的に実現することが望ましい取引が x_0^* から x_t まで減少するからである。しかし，一括固定税が消費者ないし企業（あるいは，その両方）に課されても，需要曲線も供給曲線も不変なので実現する取引量は課税前と同じである。ゆえに，死荷重も発生しない。課税の死荷重を発生させない一括固定税は，効率性の観点からは優れた課税方式なのである。

　もっとも，一括固定税には所得が低い人ほど所得に占める税負担の割合が重くなるという問題点がある。これを一括固定税の**逆進性**（regressivity）とい

[*5] 一括固定税の税額 T_c は財の消費量 x に依存しない定数なので，x で微分するとゼロになってしまうのです。

[*6] 消費者に一括固定税が課された場合と同様，一括固定税の税額 T_s は財の生産量 x に依存しない定数なので，x で微分するとゼロになってしまうのです。

う。そのため，実際に一括固定税を導入する際には激しい政治的葛藤をともなうことが予想される *7。

*7 自由主義的な経済改革を断交して「鉄の女」(Iron Lady) の異名をとった英国初の女性首相サッチャー（Margaret Hilda Thatcher）(1925–2013) の退陣理由の 1 つは，「コミュニティ・チャージ」(community charge) という一括固定税の強引な導入にあるとされています。

一括固定税と社会的厚生

一括固定税は死荷重を発生させない効率的な課税方式である反面，所得が低いほど実質的な税負担が重くなる逆進性をもつ。

8.3　生産補助金

政府は課税のみならず，補助金の給付によっても市場に介入することができる。いま，政府が企業に対して X 財の生産量 1 単位毎に $s(>0)$ の補助金を給付するとしよう。このとき，企業の利潤関数は補助金給付前の (4.1) 式から以下のように修正される。

$$\pi = p \cdot x + s \cdot x - TC(x) \tag{8.13}$$

これから，利潤最大化のための 1 階条件は

$$\frac{d\pi}{dx} = p + s - \frac{dTC(x)}{dx} = 0$$
$$\Leftrightarrow p = MC(x) - s \tag{8.14}$$

となる。ただし，$MC(x)(\equiv dTC/dx)$ は生産にかかる限界費用である。(8.14) 式から，生産補助金の給付によって供給曲線が s だけ下方にシフトすることがわかる。

図 8.4 には補助金給付前後の需要曲線と供給曲線が示されている。需要曲線は DD'，補助金給付前の供給曲線は S_0S_0'，補助金給付後の供給曲線は S_1S_1' である。補助金給付前の均衡価格と均衡取引量は，それぞれ需要曲線 DD' と補助金給付前の供給曲線 S_0S_0' の交点に対応する p_0^*, x_0^* である。また，消費者余剰は $\triangle a + \square b$ の面積，生産者余剰は $\triangle g + \square h$ の面積であらわされるので，両者の合計である総余剰は

$$\triangle a + \square b + \triangle g + \square h \tag{8.15}$$

の面積であらわされる。

生産補助金の給付によって供給曲線が S_0S_0' から S_1S_1' にシフトするので，取引価格は p_0^* から p_c に下落し，取引量は x_0^* から x_s に増加する。これによって，消費者余剰は $\triangle a + \square b + \triangle e + \triangle f + \square h$ の面積に変化する。他方，生産者余剰は $\square b + \triangle c + \triangle g + \square h$ の面積に変化する。さらに，補助金の給付

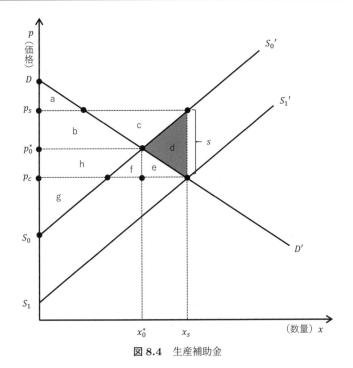

図 8.4　生産補助金

に必要な財源は生産量 1 単位毎の補助金額 s と生産量 x_s の積となる。ゆえに，政府余剰は $\square b + \triangle c + \triangle d + \triangle e + \triangle f + \square h$ の面積だけマイナスとなる。したがって，消費者余剰，生産者余剰，および政府余剰の合計である総余剰は，

$$(\triangle a + \square b + \triangle e + \triangle f + \square h) + (\square b + \triangle c + \triangle g + \square h)$$
$$- (\square b + \triangle c + \triangle d + \triangle e + \triangle f + \square h)$$
$$= \triangle a + \square b + \triangle g + \square h - \triangle d \qquad (8.16)$$

となる。(8.15)，(8.16) 式より，生産補助金の給付前後での総余剰の変化は

$$(\triangle a + \square b + \triangle g + \square h) - (\triangle a + \square b + \triangle g + \square h - \triangle d) = \triangle d \qquad (8.17)$$

となる。つまり，生産補助金の給付も $\triangle d$ の面積であらわされる死荷重を発生させるのである [8]。

> 生産補助金と社会的厚生
>
> 　　　政府による補助金の給付は死荷重を発生させる。

補論 ★ 需要・供給の価格弾力性

　価格の変化に対する需要量ないし供給量の感応度の尺度としては，それぞれ需要ないし供給曲線の傾きを用いることが考えられよう。しかし，これには単位の取り方に依存して値が変化してしまったり[*9]，異なる財同士を比較できないといった不都合がある。

　そこで，価格の変化に対する需要量ないし供給量の感応度を測る尺度として，両者の変化率の比をとることを考える。すなわち，需要量の場合であれば

$$\left|\frac{\frac{\Delta x^d}{x^d}\times 100}{\frac{\Delta p}{p}\times 100}\right|=\left|\frac{\Delta x^d}{\Delta p}\cdot\frac{p}{x^d}\right| \tag{8.18}$$

によって価格の変化に対する感応度を捉える。ただし，p は価格，x^d は需要量である[*10]。(8.18) 式において需要量の変化量と価格の変化量の比に絶対値をとる理由は，通常，需要曲線は右下がりの勾配をもつので（$\Delta p/\Delta x^d < 0$），絶対値をとらなければ価格と需要量の変化率の比は負の値となるからである。さらに，(8.18) 式において Δp を限りなくゼロに近づけると，

$$\lim_{\Delta p\to 0}\left|\frac{\Delta x^d}{\Delta p}\cdot\frac{p}{x^d}\right|=\left|\frac{dx^d}{dp}\cdot\frac{p}{x^d}\right|=\left|\frac{p/x^d}{dp/dx^d}\right|\equiv\varepsilon_d(p) \tag{8.19}$$

となる[*11]。この $\varepsilon_d(p)$ を**需要の価格弾力性**（price elasticity of demand）という[*12]。(8.19) 式から，需要の価格弾力性 $\varepsilon_d(p)$ は，原点から需要曲線上の任意の点に引いた直線の傾き（p/x^d）を，その点における需要曲線の接線の傾き（dp/dx^d）で除した値に等しくなることがわかる。例えば，たばこなどの中毒性のある財の需要曲線の勾配は急であると考えられるので（価格が上昇しても需要量の減少が小さい），需要の価格弾力性 $\varepsilon_d(p)$ は相対的に小さくなる。

　同様に，供給量の場合は

$$\frac{\frac{\Delta x^s}{x^s}\times 100}{\frac{\Delta p}{p}\times 100}=\frac{\Delta x^s}{\Delta p}\cdot\frac{p}{x^s} \tag{8.20}$$

によって価格の変化に対する感応度を捉える。ただし，p は価格，x^s は供給量である。さらに，(8.20) 式において Δp を限りなくゼロに近づけると，

$$\lim_{\Delta p\to 0}\frac{\Delta x^s}{\Delta p}\cdot\frac{p}{x^s}=\frac{dx^s}{dp}\cdot\frac{p}{x^s}=\frac{p/x^s}{dp/dx^s}\equiv\varepsilon_s(p) \tag{8.21}$$

となる。この $\varepsilon_s(p)$ を**供給の価格弾力性**（price elasticity of supply）という。(8.21) 式から，供給の価格弾力性 $\varepsilon_s(p)$ は，原点から供給曲線上の任意の点に引いた直線の傾き（p/x^s）を，その点における供給曲線の接線の傾き（dp/dx^s）で除した値に等しくなることがわかる。

　(8.18) ないし (8.20) 式より，需要ないし供給の価格弾力性が 1 を下回るな

*9 図 8.3 の例だと，たばこの単位を「本」，「箱」，「カートン」のいずれにするかで需要ないし供給曲線の傾きは変化してしまいます。

*10 Δ は差分（＝変化量）をあらわす数学記号です。

*11 差分をあらわす数学記号 Δ を微小変化をあらわす数学記号 d に置き換えています。

*12 テキストによっては，絶対値をとらずに需要の価格弾力性を定義する場合もあります。

らば，価格の変化率よりも需要量ないし供給量の変化率の方が小さいことになる。このとき，需要ないし供給は価格の変化に対して非弾力的であるという。特に，需要ないし供給の価格弾力性がゼロならば，需要ないし供給は価格の変化に対して**完全に非弾力的**（completely inelastic）であるという。（8.19）ないし（8.21）式より，需要曲線もしくは供給曲線が垂直であれば，その価格弾力性はゼロである [13]。逆に，需要ないし供給の弾力性が 1 を上回るならば，価格の変化率よりも需要量ないし供給量の変化率の方が大きいことになる。このとき，需要ないし供給は価格の変化に対して弾力的であるという。特に，需要ないし供給の価格弾力性が無限大ならば，需要ないし供給は価格の変化に対して**完全に弾力的**（completely elastic）であるという。（8.19）ないし（8.21）式より，需要曲線もしくは供給曲線が水平であれば，その価格弾力性は無限大である [14]。

[13] 分子は一定のまま分母を無限大に近づけていくと，全体としてはゼロに収束します。

[14] 分子は一定のまま分母をゼロに近づけていくと，全体としては無限大に発散します。

第 9 講

国際貿易

───**本講の目標**───

- 経済厚生の観点から自由貿易の利益について説明できる。
- 政府による保護貿易が社会的厚生の損失をもたらす理由について説明できる。
- さまざまな貿易制限の手段を経済厚生の観点から評価できる。

9.1 自由貿易の利益

余剰分析の応用として，自由な国際貿易が自国の経済厚生におよぼす影響を分析しよう。X 財の国内市場における市場需要曲線と市場供給曲線が，それぞれ図 9.1 の DD' と SS' で示されている。均衡価格と均衡取引量は両者の交点で決定されるから，それぞれ図 9.1 の p_d, x_d である[*1]。このとき，消費者余剰は $\triangle a$ の面積，生産者余剰は $\triangle c + \square d$ の面積であらわされる。ゆえに，X 財の国際貿易が行われない場合の総余剰は，両者の合計である $\triangle a + \triangle c + \square d$ の面積であらわされる。

X 財の市場開放が行われることで，経済厚生はどのように変化するだろうか。ここでは，X 財の国際市場において取引量の世界シェアが十分に小さく，ゆえに当該財の国際市場における価格（以後，「世界価格」という）p_w に何ら影響をおよぼさないような国を想定する。このように，国際市場において価格受容者として行動する国を**小国**（small country）という[*2]。

いま，X 財の世界価格 p_w が国内価格 p_d を下回るとする（$p_w < p_d$）。X 財の市場が海外へ開放されると，小国における国内価格は世界価格に収斂する。図 9.1 に示されるように，生産者価格 p_s が p_d から p_w に低下することで，X 財の国内供給量は当初の x_d から x_1 まで減少する。他方，消費者価格 p_c が p_d から p_w に低下することで，X 財の国内需要量は x_d から x_4 まで増加する。国内供給量 x_1 と国内需要量 x_4 の差 $x_4 - x_1$ は外国からの輸入によって

*1 添え字の d は "domestic"（国内）を意味します。文字は何でもよいのですが …。

*2 国際政治における大国ないし小国とは異なる概念ですから注意しましょう。

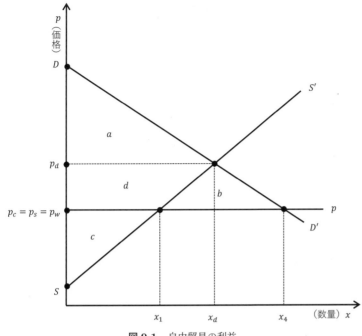

図 9.1　自由貿易の利益

賄われる [*3]。このとき，世界価格 p_w のもとで国内供給量および輸入量の合計と国内需要量は両方とも x_4 となるから，X 財の国内市場において需給が一致する。

　自由貿易のもとでは，当該財の国内価格 p_d が世界価格 p_w と同じ水準まで低下することで，取引量が x_d から x_4 まで増加する。これにより，消費者余剰は貿易取引がない場合の $\triangle a$ の面積から，$\triangle a + \triangle b + \square d$ の面積まで増加する。他方，国内企業の生産量は外国企業に市場シェアを奪われることで x_d から x_1 まで減少する。これにより，国内企業の生産者余剰は貿易取引がない場合の $\triangle c + \square d$ の面積から，$\triangle c$ の面積まで減少する。

　消費者余剰と生産者余剰の合計として定義される総余剰は，貿易取引が行われない場合の $\triangle a + \triangle c + \square d$ の面積から，$\triangle a + \triangle b + \triangle c + \square d$ の面積まで増加する。つまり，自由貿易に移行することで

$$(\triangle a + \triangle b + \triangle c + \square d) - (\triangle a + \triangle c + \square d) = \triangle b \qquad (9.1)$$

の面積だけ総余剰が増加する。この総余剰の増分こそが自由貿易の利益である。自由貿易は価格の低下によって国内企業の生産者余剰を減少させるものの，それを上回る消費者余剰の増加をもたらすことで社会的厚生を改善するのである。

[*3] 反対に，世界価格 p_w が国内価格 p_d を上回る場合 $(p_d < p_w)$，当該国は X 財の輸出国となります。

> ┌─ 自由貿易の利益 ─────────────────
> │ 自由貿易は総余剰を増加させる。
> └────────────────────────────

9.2 保護貿易（1）関税

政府が国内企業の保護を目的として X 財の輸入量 1 単位毎に t の**輸入関税**（import tariff）を課すとする。これにより，国内における X 財の消費者価格 p_c と生産者価格 p_s の両方が，世界価格 p_w に税額 t を加えた $p_w + t$ まで上昇する。このとき，国内企業の利潤関数は

$$\pi = (p_w + t)x - TC(x) \tag{9.2}$$

となる。ゆえに，その利潤最大化条件は

$$\frac{d\pi}{dx} = (p_w + t) - \frac{dTC(x)}{dx} = 0$$
$$\Leftrightarrow p_w = MC(x) - t \tag{9.3}$$

である。ただし，$MC(\equiv dTC(x)/dx)$ は限界費用をあらわす。(9.3) 式より，関税の導入は国内企業の供給曲線を下方に t だけシフトさせることがわかる。他方，消費者の予算制約は

$$y = (p_w + t)x + m \tag{9.4}$$

となる。(9.4) 式を消費者の効用関数をあらわす (1.6) 式に代入すると，消費者が最大化すべき目的関数は

$$U(x) = u(x) + y - (p_w + t)x \tag{9.5}$$

となる。ゆえに，その効用最大化条件は

$$\frac{dU}{dx} = u'(x) - (p_w + t) = 0$$
$$\Leftrightarrow p_w = u'(x) - t \tag{9.6}$$

である。(9.6) 式より，関税の導入は国内消費者の需要曲線を下方に t だけシフトさせることがわかる。

こうした状況を示したのが図 9.2 である。関税導入前の国内企業の供給曲線は $S_0 S_0'$，導入後のそれは $S_1 S_1'$ である。同じく関税導入前の国内消費者の需要曲線は $D_0 D_0'$，導入後のそれは $D_1 D_1'$ である。関税が導入されると，世界価格 p_w のもとで国内需要量は自由貿易下の x_4 から x_3 まで減少する。この

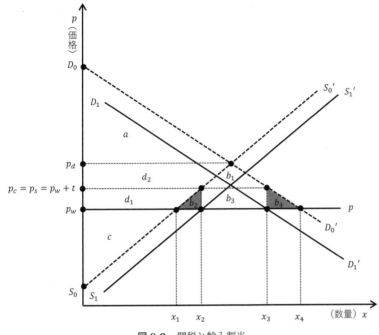

図 9.2　関税と輸入割当

ことは，限界便益が世界価格 p_w を上回る社会的に実現することが望ましい消費の一部が阻害されることを意味する。その一方，国内供給量は自由貿易下の x_1 から x_2 まで増加する。このことは，限界費用が世界価格 p_w を上回る相対的に非効率な国内企業の一部が市場から淘汰されずに温存されることを意味する。国内需要量と国内供給量の差である $x_3 - x_2$ が当該国の輸入量となる。

　さきに確認したように，自由貿易下の総余剰は $(\triangle a + \triangle b_1 + \triangle b_2 + \square b_3 + \triangle b_4 + \square d_1 + \square d_2) + \triangle c$ の面積であらわされる。政府が関税を課すことで，社会的厚生はどのように変化するだろうか。図 9.2 において，消費者余剰は $\triangle a + \triangle b_1 + \square d_2$ の面積，生産者余剰は $\triangle c + \square d_1$ の面積であらわされる。また，政府の税収は税率 t と輸入量 $x_3 - x_2$ の積となる。当然のことながら，関税導入前の税収はゼロであるから，関税の導入前後での税収の増分すなわち政府余剰は $\square b_3$ の面積であらわされる。したがって，消費者余剰，生産者余剰，および政府余剰の合計である総余剰は，$(\triangle a + \triangle b_1 + \square d_2) + (\triangle c + \square d_1) + \square b_3$ の面積であらわされる。自由貿易下の総余剰から政府が関税を課す場合のそれを差し引くと，

$$[(\triangle a + \triangle b_1 + \triangle b_2 + \square b_3 + \triangle b_4 + \square d_1 + \square d_2) + \triangle c]$$
$$-[(\triangle a + \triangle b_1 + \square d_2) + (\triangle c + \square d_1) + \square b_3] = \triangle b_2 + \triangle b_4 \qquad (9.7)$$

となる。これが関税の死荷重である。関税の導入は生産者価格の上昇によって国内企業の享受する生産者余剰を増加させる一方で，消費者価格の上昇によっ

て生産者余剰の増分と新たに生じる政府余剰の合計を上回る消費者余剰の減少をもたらすのである。

関税の死荷重のうち，$\triangle b_2$ の面積であらわされる経済厚生の損失は，関税の導入にともなう生産者価格の上昇によって，限界費用が世界価格 p_w を上回る相対的に非効率な国内企業の一部が市場から淘汰されずに生産を継続することから生じている（生産面での歪み）。他方，$\triangle b_4$ の面積であらわされる経済厚生の損失は，消費者価格の上昇によって限界便益が世界価格 p_w を上回る社会的に実現することが望ましい消費の一部が阻害されることから生じている（消費面での歪み）。国内企業の保護を目的とした関税の導入は，生産と消費の両面から社会的厚生を低下させるのである。

9.3 保護貿易（2）輸入割当

政府が国内企業の保護を目的として外国で生産された財の輸入を一定量に制限する**輸入割当**（import quota）を行うとする。ここでは，政府が図 9.2 に示される $x_3 - x_2$ だけ X 財を輸入する権利（輸入許可証）を国内輸入業者に無償で配布する状況を想定する。これにより，国内における X 財の消費者価格 p_c と生産者価格 p_s の両方が，国内供給量および輸入量の合計が国内需要量と等しくなる価格水準である $p_w + t$ まで上昇する。このことは，X 財の輸入に対して税率 t の従量関税を課した場合と変わらない。ゆえに，図 9.2 において消費者余剰は関税を課した場合のそれと同じ $\triangle a + \triangle b_1 + \square d_2$ の面積，生産者余剰は同じく $\triangle c + \square d_1$ の面積であらわされる。

他方，政府から輸入割当を受けた国内輸入業者は，国際市場において X 財を世界価格 p_w で調達し，それを国内において価格 $p_w + t$ で販売することで，輸入量 1 単位毎に t の超過利潤を得る。X 財の輸入量は $x_3 - x_2$ なので，国内輸入業者が輸入割当を受けることで得る超過利潤は輸入量 1 単位毎の超過利潤 t と輸入量 $(x_3 - x_2)$ の積となる。ゆえに，その大きさは図 9.2 における $\square b_3$ の面積であらわされる。これを**割当レント**（quota rent）という [*4]。したがって，消費者余剰，生産者余剰，および輸入業者の割当レントの合計である総余剰は，$(\triangle a + \triangle b_1 + \square d_2) + (\triangle c + \square d_1) + \square b_3$ の面積であらわされる。自由貿易下の総余剰から政府が輸入割当を課す場合のそれを差し引くと，

$$[(\triangle a + \triangle b_1 + \triangle b_2 + \square b_3 + \triangle b_4 + \square d_1 + \square d_2) + \triangle c]$$
$$-[(\triangle a + \triangle b_1 + \square d_2) + (\triangle c + \square d_1) + \square b_3] = \triangle b_2 + \triangle b_4 \qquad (9.8)$$

となる。これが輸入割当の死荷重である。輸入割当の導入は生産者価格の上昇によって国内企業の享受する生産者余剰を増加させる一方で，消費者価格の上昇によって生産者余剰の増分と新たに生じる割当レントの合計を上回る消費者

[*4] 輸入割当ではなく関税が導入された場合，国内輸入業者は X 財を世界価格に税額を加えた $p_w + t$ で調達し，それを国内消費者に $p_w + t$ で販売することになるので，国内輸入業者が享受するレントはゼロになります。

余剰の減少をもたらすのである。

　（9.7）式と（9.8）式を比較すると，関税の死荷重と輸入割当のそれの大きさは同じであることがわかる。このように，輸入量が同じであれば関税と輸入割当のもとで実現する社会的厚生が変わらないことを**関税と数量割当の同値命題**（equivalence of tariff and quota）という。もっとも，関税と輸入割当では前者の場合は税収すなわち政府余剰として政府に帰属した $\square b_3$ の面積であらわされる金額が，後者の場合は国内輸入業者に割当レントとして帰属するという分配上の違いが生じる。さらに，X 財の輸入許可証を国内輸入業者ではなく国外の経済主体が保持していれば，$\square b_3$ の面積であらわされる所得が外国に流出することになる。

9.4　保護貿易（3）生産補助金

　政府が国内企業の保護を目的として国内企業に X 財の生産量 1 単位毎に t の生産補助金を与えるとする。このとき，国内企業の利潤関数は

$$\pi = p_w \cdot x + t \cdot x - TC(x) \tag{9.9}$$

となる。ゆえに，その利潤最大化条件は

$$\frac{d\pi}{dx} = p_w + t - \frac{dTC(x)}{dx} = 0$$
$$\Leftrightarrow p_w = MC(x) - t \tag{9.10}$$

である。（9.10）式より，生産補助金の導入は国内企業の供給曲線を下方に t だけシフトさせることがわかる。

　こうした状況を示したのが図 9.3 である。生産補助金給付前の国内生産企業の供給曲線が $S_0 S_0'$，給付後のそれが $S_1 S_1'$ である。国内における X 財の消費者価格 p_c は世界価格 p_w に留まる一方，生産者価格 p_s は世界価格 p_w に生産量 1 単位毎の補助金額 t を加えた $p_w + t$ まで上昇する。世界価格 p_w のもとで国内需要量は自由貿易下のそれと同じ x_4 である。その一方，国内供給量は自由貿易下の x_1 から x_2 まで増加する。このことは，限界費用が世界価格 p_w を上回る相対的に非効率な国内企業の一部が市場から淘汰されずに温存されることを意味する。国内需要量と国内供給量の差である $x_4 - x_2$ が当該国の輸入量となる。

　消費者の X 財の需要量は世界価格 p_w に対応する x_4 になるので，消費者余剰は自由貿易下のそれと同じ $\triangle a + \triangle b_1 + \triangle b_2 + \square b_3 + \triangle b_4 + \square d_1 + \square d_2$ の面積であらわされる。国内企業の生産者余剰は補助金額を含めた総収入から可変費用を控除することで求められるので，その大きさは図 9.3 における

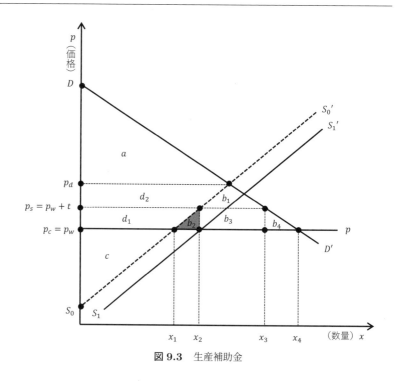

図 9.3　生産補助金

$\triangle c + \Box d_1$ の面積であらわされる。さらに，国内企業への生産補助金の給付に
必要な財源は生産量 1 単位毎の補助金額 t と国内供給量 x_2 の積となる。ゆえ
に，政府余剰は $\triangle b_2 + \Box d_1$ の面積であらわされる金額だけ負となる。したがっ
て，消費者余剰，生産者余剰，および政府余剰の合計として定義される総余剰
は，$(\triangle a + \triangle b_1 + \triangle b_2 + \Box b_3 + \triangle b_4 + \Box d_1 + \Box d_2) + (\triangle c + \Box d_1) - (\triangle b_2 + \Box d_1)$
の面積であらわされる。自由貿易下の総余剰から政府が国内生産企業に生産補
助金を給付する場合のそれを差し引くと，

$$[(\triangle a + \triangle b_1 + \triangle b_2 + \Box b_3 + \triangle b_4 + \Box d_1 + \Box d_2) + \triangle c]$$
$$-[(\triangle a + \triangle b_1 + \triangle b_2 + \Box b_3 + \triangle b_4 + \Box d_1 + \Box d_2) + (\triangle c + \Box d_1)$$
$$-(\triangle b_2 + \Box d_1)] = \triangle b_2 \tag{9.11}$$

となる。これが生産補助金の死荷重である。国内企業に対する生産補助金の導
入は生産者価格の上昇によって国内企業の享受する生産者余剰を増加させる一
方で，それを上回る政府余剰の減少をもたらすのである。

　国内企業に対する生産補助金の給付で死荷重が発生するのは，限界費用が世
界価格 p_w を上回る生産性の低い国内企業が市場から淘汰されずに温存される
ことで，生産面での歪みが生じるからである。もっとも，(9.7)，(9.8)，およ
び (9.11) 式を比較すると，国内企業を保護する手段としての生産補助金の給
付は，社会的厚生の観点から関税および輸入割当よりも望ましいことがわか
る。生産補助金を導入した場合の総余剰が関税ないし輸入割当を導入した場合

のそれよりも $\triangle b_4$ の面積だけ大きくなる理由は，国内企業に生産補助金が給付されても当該財の消費者価格 p_c は世界価格 p_w の水準に留まるため，関税ないし輸入割当で見られたような消費面の歪みにともなう経済厚生の損失を回避できるからである。

保護貿易の非効率性

保護貿易は死荷重を発生させる。

確認問題 9.1

　ある小国の国内市場における X 財の市場需要関数が $x = 12 - p$，市場供給関数が $x = p$ であるとする。ただし，p は X 財の価格，x はその需要量ないし供給量である。また，X 財の世界価格は $p_w = 2$ であるとする。

(1) 国際貿易のまったく行われていない状況から自由貿易に移行することで，当該国の総余剰はどれだけ変化するか。
(2) 政府が X 財の輸入量 1 単位あたり 2 の関税を課す場合，自由貿易下と比較して総余剰はどれだけ変化するか。
(3) 政府が国内企業に対して X 財 1 単位あたり 2 の生産補助金を与える場合，自由貿易下と比較して総余剰はどれだけ変化するか。

第 III 部　文献案内

[1] 芦谷政浩（2009）『ミクロ経済学』有斐閣。

[2] 奥野正寛（編著）（2008）『ミクロ経済学』東京大学出版会。

[3] 神取道宏（2014）『ミクロ経済学の力』日本評論社。

[4] クルーグマン，ポール・ウェルス，ロビン（2017）『クルーグマン ミクロ経済学（第 2 版）』東洋経済新報社。

[5] クルーグマン，ポール・オブズフェルド，モーリス（2010）『クルーグマンの国際経済学—理論と政策—（原著第 8 版）上巻 貿易編』ピアソン桐原。

[6] 武隈慎一（2016）『新版　ミクロ経済学』新世社。

[7] マンキュー，グレゴリー（2005）『マンキュー経済学 I　ミクロ編（第 2 版）』東洋経済新報社。

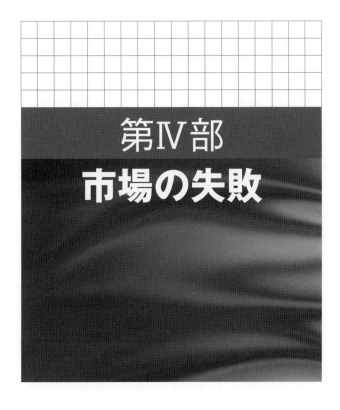

第Ⅳ部
市場の失敗

第 10 講

外部性

―― 本講の目標 ――――――――――――――――――――

- 経済主体の行動に外部性がある場合に市場機構が効率的な資源配分に失敗する理由について説明できる。
- 公害・環境問題について外部不経済の視点から説明できる。
- 政府によるピグー的補正について説明できる。

10.1　外部性の定義

　これまでの議論は，すべて競争市場において最も効率的な資源配分が達成されることを明らかにするものであった。しかしながら，国防，外交，警察，消防，灯台，あるいは公衆衛生などの一部の財は，市場機構によってはまったく供給されないか，供給されたとしてもその水準は社会的な観点から過小となる。また，市場経済の発展にともない公害や環境汚染といった社会問題も深刻化している。このように，市場が競争的であるにもかかわらず効率的な資源配分が達成されないことを**市場の失敗**（market failure）という *1。

　ある経済主体の行動が市場機構を介さず直接的に他の経済主体の効用や利潤といった経済状態に影響を及ぼすことを（技術的）**外部性**（externalities）ないし**外部効果**（external effect）という。ある経済主体による特定の財の消費や生産によって他の経済主体の経済状態が悪化する場合，当該財の消費もしくは生産には負の外部性（効果）ないし**外部不経済**（external diseconomies）があるという。外部不経済の具体例としては，授業中の私語，タバコの煙害，近所の騒音，公害，あるいは温室効果ガスの排出などが挙げられる。反対に，ある経済主体による特定の財の消費や生産によって他の経済主体の経済状態が改善される場合には，当該財の消費もしくは生産には正の外部性（効果）ないし**外部経済**（external economies）があるという。外部経済の具体例としては，美しい景観，授業中の鋭い質問，感染症流行下におけるマスク着用やワクチン

*1 ここでは競争市場が前提とされているので，すべての経済主体は価格受容者として行動することに注意しましょう。もっとも，テキストによっては独占や寡占などの不完全競争が非効率性をもたらすことも含めて「市場の失敗」と呼んでいる場合があります。

接種，あるいは果樹園と養蜂場の関係などが挙げられる。

　なお，ある経済主体の行動が市場機構すなわち価格の変化を通じて間接的に他の経済主体の効用や利潤といった経済状態に影響する場合がある。例えば，駅前の再開発にともなう地価の上昇で土地の所有者が恩恵を被るようなケースや，新規参入によって既存企業の利潤が減少するようなケースである。こうした影響は金銭的外部性と呼ばれ，「市場の失敗」をもたらす技術的外部性とは区別される。通常，外部性といえば技術的外部性の方を指す。

10.2　外部不経済としての公害・環境問題

　X 財を生産する工場の排水に有害物質が含まれるとしよう。この有害物質に汚染された工場排水が海に垂れ流されることで，地元漁民に損害が発生している。X 財の価格は p_0 であり，企業は価格受容者として行動するものとする。企業の利潤関数 π は

$$\pi = p_0 \cdot x - TC(x) \tag{10.1}$$

とあらわされる。ただし，x は生産量，TC は生産のための総費用である。(10.1) 式から，企業の利潤を最大化する生産量 x は

$$\frac{d\pi}{dx} = p_0 - \frac{dTC(x)}{dx} = 0$$
$$\Leftrightarrow p_0 = MC(x) \tag{10.2}$$

を満たす生産量 $x = x_0^*$ となる。ただし，$MC(\equiv dTC(x)/dx)$ は限界費用である。ところで，限界費用 MC は生産量を限界的に 1 単位増加させたときに企業が直接負担する生産費用の増分であることから，これを**私的限界費用**（marginal private cost; MPC）ともいう。以下の説明では，これまで MC と表記してきた私的限界費用を MPC と表記するが，両者はまったく同一の概念であることに注意されたい。

　ある経済主体（ここでは，X 財を生産する企業）の生産や消費にともなう外部不経済によって他の経済主体（ここでは，地元漁民）が被る損害を**外部損失**（external damage）ないし**外部費用**（external cost; EC）という。汚染物質を含む排水を垂れ流す工場の操業にともない社会全体が負担する**社会的費用**（social cost）は，企業が直接負担する生産のための総費用 TC と地元漁民が被る外部費用 EC の合計である。地元漁民が被る外部費用 EC は企業の生産量 x の増加関数であり（$0 < dEC/dx$），生産量 x が増加するにつれて逓増するものとする（$0 < d^2EC/dx^2$）。

生産にかかる社会的費用

社会的費用 ＝ 生産のための総費用 ＋ 外部費用

　社会的観点からみれば，企業は直接的な生産費用のみならず汚染された工場排水が垂れ流されることで地元漁民が被る外部費用をも考慮した生産活動を行うべきである。その場合，企業が最大化すべき目的関数は以下のように修正される。

$$\Pi^s = p_0 \cdot x - \{TC(x) + EC(x)\} \tag{10.3}$$

(10.3) 式の右辺第 2 項すなわち生産のための総費用 TC と外部費用 EC の合計は，この企業が操業することにともなう社会的費用をあらわす。(10.3) 式より，外部費用をも考慮した社会的に最適な生産量 x は

$$\frac{d\Pi^s}{dx} = p_0 - \frac{dTC(x)}{dx} - \frac{dEC(x)}{dx} = 0$$
$$\Leftrightarrow p_0 = MPC(x) + MEC(x)$$
$$\Leftrightarrow p_0 = MSC(x) \tag{10.4}$$

を満たす生産量 $x = x_0^s$ となる。ただし，$MEC(x) \equiv dEC(x)/dx$ は生産量 x を限界的に 1 単位増加させることで生じる外部費用 EC の増分であり，これを**外部限界費用**（marginal external cost; MEC）という。また，$MSC(x) \equiv MPC(x) + MEC(x)$ は私的限界費用 MPC と外部限界費用 MEC の合計であり，これを**社会的限界費用**（marginal social cost; MSC）という。

社会的に最適な生産量

ある財の生産が外部不経済をともなう場合，社会的に最適な生産量は生産物価格と社会的限界費用が均等するそれである。

　図 10.1 には横軸に生産量 x，縦軸に価格 p および限界費用 MC をとった座標平面に，私的限界費用曲線，社会的限界費用曲線，および価格線の 3 つのグラフが描かれている。(10.4) 式から，ある財の生産が外部不経済をともなうと，社会的限界費用曲線が私的限界費用曲線の上方に外部限界費用 MEC の分だけ乖離する。企業利潤を最大化する生産量 x_0^* は私的限界費用曲線と価格線の交点で決定されるのに対して，社会的に望ましい生産量 x_0^s は社会的限界費用曲線と価格線の交点で決定される。このとき，明らかに前者すなわち企

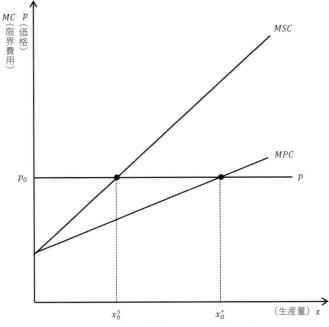

図 10.1　外部不経済をともなう財の生産

業利潤を最大化する生産量 x_0^* が，後者すなわち社会的に最適な生産量 x_0^s を
上回る（$x_0^s < x_0^*$）。つまり，X 財の生産に外部不経済がともなう場合，市場機
構によって供給される X 財の量は，社会的に最適な水準からみて過大となる
のである。

> **外部不経済をともなう財の生産**
>
> 　ある財の生産に外部不経済がともなう場合，市場機構によって供給され
> る当該財の量は社会的に最適な水準からみて過大となる。

10.3　公害・環境問題の非効率性

　生産に外部不経済をともなう財の過剰生産によって社会的厚生の損失がもた
らされることを確認しよう。図 10.2 と図 10.3 には，私的限界費用曲線，社
会的限界費用曲線，および価格線の 3 つのグラフが同一座標平面に描かれて
いる。X 財の生産にかかる外部費用は社会的限界費用曲線と私的限界費用曲
線の垂直距離としてあらわされる外部限界費用をすべての生産水準にわたっ
て足し合わせることで算出される。ゆえに，企業利潤を最大化する生産量 x_0^*
のもとでの外部費用の大きさは，図 10.2 における $\triangle ACD$ の面積であらわさ
れる。他方，社会的に望ましい生産量 x_0^s のもとでの外部費用の大きさは，図

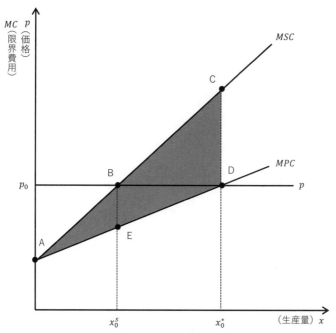

図 10.2 企業利潤を最大化した場合の外部費用

10.3 における $\triangle ABE$ の面積であらわされる。

　これをふまえ，まず企業が自らの利潤を最大化するように行動した場合の社
会的厚生を考える。生産者余剰は企業の総収入から可変費用を控除することで
求められる。図 10.4 において，企業の総収入は $\triangle a + \triangle b + \square c + \square d + \triangle e$
の面積，可変費用は $\square c + \square d$ の面積であらわされるので，生産者余剰は

$$(\triangle a + \triangle b + \square c + \square d + \triangle e) - (\square c + \square d) = \triangle a + \triangle b + \triangle e \qquad (10.5)$$

の面積であらわされる。他方，地元漁民が被る外部費用は

$$\triangle b + \triangle e + \triangle f \qquad (10.6)$$

の面積であらわされる。(10.5)，(10.6) 式より，生産者余剰と地元漁民が被る
外部費用の合計は

$$(\triangle a + \triangle b + \triangle e) - (\triangle b + \triangle e + \triangle f) = \triangle a - \triangle f \qquad (10.7)$$

の面積であらわされる。

　同様に，企業の生産量を社会的に望ましい水準まで抑制した場合の生産者余
剰は，図 10.4 における

$$(\triangle a + \triangle b + \square c) - \square c = \triangle a + \triangle b \qquad (10.8)$$

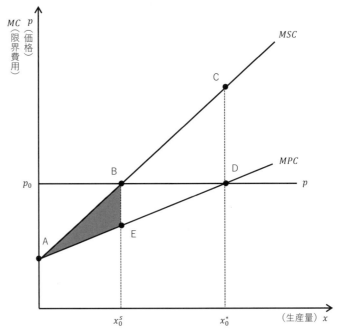

図10.3　社会的に望ましい水準まで生産量を抑制した場合の外部費用

の面積であらわされる。他方，地元漁民が被る外部費用は

$$\triangle b \tag{10.9}$$

の面積であらわされる。(10.8)，(10.9) 式より，生産者余剰と地元漁民が被る
外部費用の合計は

$$(\triangle a + \triangle b) - \triangle b = \triangle a \tag{10.10}$$

の面積であらわされる。

　企業は価格受容者であり，自らの利潤を最大化する生産量 x_0^* を選ぼうと，
あるいは社会的に望ましい生産量 x_0^s を選ぼうと，その行動が市場全体の需給
バランスによって決定される生産物価格に影響することはない。生産物価格が
一定ならば，消費者余剰も不変である。そのため，社会的厚生は外部不経済を
ともなう財の生産を行う企業の生産者余剰と地元漁民が被る外部費用の合計に
よって評価すればよい。(10.7)，(10.10) 式より，企業の利潤動機に基づいて
Ｘ財が過剰生産されることで，

$$\triangle a - (\triangle a - \triangle f) = \triangle f \tag{10.11}$$

の面積だけ社会的厚生の損失すなわち死荷重が発生することがわかる。図
10.3 から明らかなように，こうした非効率性が生じる直接の原因は，社会的限
界費用 MSC が限界収入（すなわち，価格）p_0 を上回っても企業が生産を拡

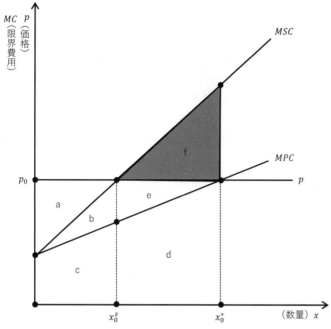

図 10.4　外部不経済による経済厚生の損失

大するからである。

外部不経済と社会的厚生

ある財の生産に外部不経済がともなう場合，企業が利潤動機に基づき行動することで社会的厚生の損失が生じる。

確認問題 10.1

あなたは某大学で教鞭をとる経済学の教員です。公害・環境問題について外部不経済の視点から解説したある日，履修者から回収したコメントシートに以下のような記述を見つけました。あなたはこの履修者にどのような回答をすればよいでしょうか。

「水俣病のような悲惨な公害の歴史をふまえれば，公害の原因企業にも社会的に最適な生産水準があるなんてまったく理解できません。そのような非人道的な企業は即刻操業を停止すべきです。経済学って，とてもナンセンスな学問だと思います。」

10.4 外部性の内部化

　外部性によって市場機構が効率的な資源配分に失敗する場合，政府は課税によって私的限界費用 MPC と社会的限界費用 MSC の乖離を是正することで，社会的厚生の損失を回避することができる。いま，政府が X 財の生産に税率 t の従量税を賦課するとしよう。このとき，企業の利潤関数 π は以下のように修正される。

$$\pi = p_0 \cdot x - TC(x) - t \cdot x \tag{10.12}$$

（10.12）式より，課税後の利潤最大化条件は

$$\frac{d\pi}{dx} = p_0 - \frac{dTC(x)}{dx} - t = 0$$
$$\Leftrightarrow p_0 = MPC(x) + t \tag{10.13}$$

となる。ここで，税率を $t = MEC(x_0^s)$ とすれば，（10.13）式は（10.4）式に一致する。つまり，課税によって企業の生産量 x が社会的に最適な水準 x_0^s にまで抑制されるのである。

　こうした仕組みを描示したのが図 10.5 である。課税によって私的限界費用曲線が上方にシフトし，企業が利潤動機に基づき自発的に社会的に最適な生産量 x_0^s を選択するようになる。政府が課税という手段によって企業に外部費用 EC を強制的に負担させることで，間接的に生産水準の抑制を図ったわけである。これを**外部性の内部化**（internalization of externalities）という。また，そのために課される税を**ピグー税**（Pigouvian tax）という [*2]。

　政府によってピグー税が導入された場合の経済厚生の変化を確認しよう。生産者余剰は企業の総収入から可変費用および税額を控除することで算出される。図 10.6 において，企業の総収入は $\triangle a1 + \triangle a2 + \triangle b + \square c$ の面積，可変費用は $\square c$ の面積，税額は $\triangle a2 + \triangle b$ の面積であらわされる。よって，生産者余剰は

$$(\triangle a1 + \triangle a2 + \triangle b + \square c) - \square c - (\triangle a2 + \triangle b) = \triangle a1 \tag{10.14}$$

の面積であらわされる。他方，課税にともなう税収の増分すなわち政府余剰は

$$\triangle a2 + \triangle b \tag{10.15}$$

の面積，地元漁民が被る外部費用は

$$\triangle b \tag{10.16}$$

の面積でそれぞれあらわされる。（10.14），（10.15），および（10.16）式より，

*2 厚生経済学の創始者とされる英国の経済学者ピグー（Arthur C. Pigou）（1877–1959）にちなみます。

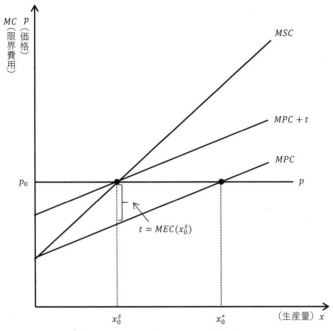

図 10.5　ピグー税による外部性の内部化

企業，地元漁民，および政府が享受する余剰の合計は

$$\triangle a1 + (\triangle a2 + \triangle b) - \triangle b = \triangle a1 + \triangle a2 = \triangle a \tag{10.17}$$

の面積であらわされる。(10.10)，(10.17) 式より，ピグー税が導入された場合の社会的厚生は企業が地元漁民の被る外部費用も自らの生産費用の一部として生産量を決定する場合のそれに一致することがわかる。

　あるいは別の方法として，企業が X 財の生産量を削減することに政府が補助金を与えることでも同様の結果を実現できる。企業の利潤を最大化する生産量 x_0^* から生産量を 1 単位削減するごとに $s(> 0)$ の補助金が給付されるならば，企業の利潤 π は

$$\pi = p_0 \cdot x - TC(x) + s(x_0^* - x) \tag{10.18}$$

とあらわされる。このとき，利潤最大化のための 1 階条件は

$$\frac{d\pi}{dx} = 0 \Leftrightarrow p_0 = MPC(x) + s \tag{10.19}$$

に修正される [*3]。企業が生産量を増加させると政府からの補助金を放棄することになるので，それは機会費用として企業行動に影響を及ぼすのである。ここで，$s = MEC(x_0^s)$ とすれば，(10.19) 式は (10.4) 式に一致する。このように，外部性の内部化を図ることを目的として給付される補助金を**ピグー補助金**（Pigouvian subsidy）という。

[*3] (10.18) 式における x_0^* は企業にとって所与（定数）であることに注意しましょう。

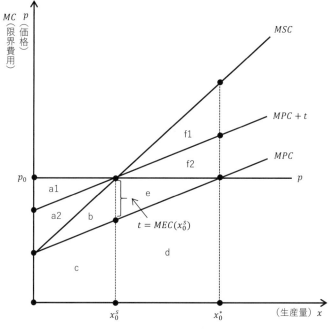

図 10.6　ピグー税による経済厚生の変化

　　ここで，ピグー補助金が導入された場合の経済厚生の変化を確認しよう。生産者余剰は企業の総収入から可変費用を控除したうえで補助金を加えることで算出される。図 10.7 において，企業の総収入は $\triangle a1 + \triangle a2 + \triangle b + \square c$ の面積，可変費用は $\square c$ の面積，補助金は $\triangle e + \triangle f2$ の面積であらわされる。よって，生産者余剰は

$$(\triangle a1 + \triangle a2 + \triangle b + \square c) - \square c + (\triangle e + \triangle f2)$$
$$= \triangle a1 + \triangle a2 + \triangle b + \triangle e + \triangle f2 \tag{10.20}$$

の面積であらわされる。他方，補助金給付にともなう税収の増分すなわち政府余剰は

$$\triangle e + \triangle f2 \tag{10.21}$$

の面積だけ負となる。また，地元漁民が被る外部費用は

$$\triangle b \tag{10.22}$$

の面積であらわされる。（10.20），（10.21），および（10.22）式より，企業，地元漁民，および政府が享受する余剰の合計は

$$(\triangle a1 + \triangle a2 + \triangle b + \triangle e + \triangle f2) - (\triangle e + \triangle f2) - \triangle b$$
$$= \triangle a1 + \triangle a2 = \triangle a \tag{10.23}$$

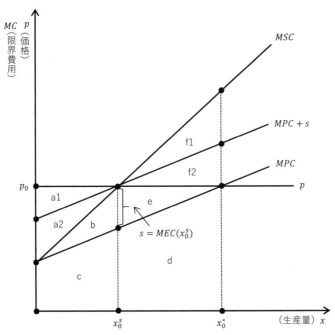

図 10.7　ピグー補助金による経済厚生の変化

の面積であらわされる。

　(10.10), (10.17), および (10.23) 式より, ピグー税とピグー補助金のいずれを用いても, 企業, 地元漁民, および政府が享受する余剰の合計は $\triangle a$ となって総余剰が最大化されることがわかる。ただし, 分配面では違いが生じる。表10.1 にはピグー的補正のもとでの企業, 地元漁民, および政府の余剰が整理されている。企業が享受する余剰の大きさは, ピグー税を課される場合が $\triangle a1$ の面積, ピグー補助金の給付を受ける場合が $\triangle a1 + \triangle a2 + \triangle b + \triangle e + \triangle f2$ の面積であらわされる。政府が介入しない場合のそれは $\triangle a1 + \triangle a2 + \triangle b + \triangle e$ の面積であらわされるから, 企業の享受する余剰はピグー税が課された場合には $\triangle a2 + \triangle b + \triangle e$ の面積だけ減少するのに対して, ピグー補助金が給付された場合には $\triangle f2$ の面積だけ増加することになる。

　汚染物質を排出する企業が補助金を受給することついては, 公正の観点から違和感を感じるかもしれない。しかし, 外部不経済の原因となる経済主体が有害物質を含む排水を垂れ流す企業ではなく, 住宅街に立地する保育園や感染症流行下で営業する飲食店であればどうであろうか。園児の歓声は一部の周辺住民にとっては騒音にほかならないであろうし, 飲食店の営業が感染症の拡大を助長するとの指摘が世論の支持を得るかもしれない。しかしながら, ジェンダー平等を実現するうえで保育園の社会的価値は大きくなる一方であるし, 飲食店の所有者には憲法上の権利として営業の自由が保障されている。こうしたケースでは, 課税よりも補助金の給付によって外部不経済の抑制を図ることが

表 10.1　ピグー的補正と経済厚生

	補正なし	ピグー税	ピグー補助金
企業	$\triangle a1 + \triangle a2 + \triangle b + \triangle e$	$\triangle a1$	$\triangle a1 + \triangle a2 + \triangle b + \triangle e + \triangle f2$
地元漁民	$-(\triangle b + \triangle e + \triangle f1 + \triangle f2)$	$-\triangle b$	$-\triangle b$
政府	0	$\triangle a2 + \triangle b$	$-(\triangle e + \triangle f2)$
合計	$\triangle a1 + \triangle a2 - (\triangle f1 + \triangle f2)$	$\triangle a1 + \triangle a2$	$\triangle a1 + \triangle a2$

公正の観点から妥当であろう。なお，ピグー税とピグー補助金をあわせて**ピグー的補正**（Pigouvian correction）ともいう。

　ピグー的補正は「市場の失敗」による資源配分の歪みを政府の介入によって是正できる可能性を示す一つの例である。もっとも，ピグー的補正によって近年深刻化するグローバル化した公害・環境問題に対処することは非現実的かもしれない。例えば，大気汚染，海洋汚染，あるいは地球温暖化といった公害・環境問題の場合，外部不経済の発生源と外部費用を被る経済主体の居住地国は必ずしも一致しない。外部不経済の発生源が居住する国の政府には，外国の経済厚生を改善するために自国のそれを犠牲にする誘因は存在しないであろう。そのため，問題の解決には国際社会が連帯して市場に介入する必要があるが，現実には国家間に存在するさまざまな利害関係からその実現が困難である場合が多い。

確認問題 10.2

　ある化学工場の生産にともなう排煙が周辺住民に被害を与えている。この化学工場が価格受容者として行動し，生産物価格 $p = 200$，化学工場の総費用関数 $TC(x) = x^2 + 100$，周辺住民の被害額 $EC(x) = x^2$ であるとする。ただし，x は生産量である。

(1) 化学工場の利潤を最大化する生産量を求めなさい。

(2) 社会的に望ましい生産量を求めなさい。

(3) (2) の生産量を実現するためには，政府がこの化学工場に生産物 1 単位あたりいくらの従量税を課せばよいか。

補論 ★　当事者間の交渉による解決

　政府による市場介入に依らなくても，ある理想的な状況下では当事者同士の交渉を通じて効率的な資源配分が回復される可能性がある。（10.4）式を整理すると，

$$(10.4) \Leftrightarrow p_0 - MPC(x) = MEC(x)$$

$$\Leftrightarrow \frac{d\pi}{dx} = MEC(x) \qquad (10.4')$$

を得る。（10.4'）式より，生産に外部不経済をともなう財の社会的に最適な生産量 x_0^s においては，企業の限界利潤 $d\pi/dx$（左辺）と地元漁民が被る外部限界費用 MEC（右辺）が等しくなることがわかる。

　図 10.8 には企業の限界利潤曲線と地元漁民が被る外部限界費用曲線が示されている。限界利潤曲線の形状が右下がりとなるのは，価格受容者である企業にとって生産物価格は一定である一方（$p = p_0$），私的限界費用 MPC は生産量 x が増加するにつれて逓増するからである [*4]。また，$0 < dEC/dx$，$0 < d^2EC/dx^2$ との仮定から，外部限界費用曲線の形状は右上がりとなる。（10.2）式より，企業の限界利潤 $d\pi/dx$ がゼロとなる点 D において企業の利潤 π が最大化される。他方，（10.4'）式より，企業の限界利潤 $d\pi/dx$ と地元漁民が被る外部限界費用 MEC が一致する点 B において社会的厚生が最大化される。

　はじめに，企業が自らの利潤を最大化するように生産量を決定しているとする（$x = x_0^*$）。このとき，企業が生産量を社会的に望ましい水準 x_0^s まで削減することで地元漁民が回避できる外部費用 EC は，図 10.8 における □$BCDE$ の面積であらわされる [*5]。ここで，地元漁民が企業に補償金を支払うことで生産量の削減を実現することを考えよう。企業に支払う補償金額が少なくとも □$BCDE$ の面積であらわされる金額をわずかに下回るのであれば，補償金の支払いと引き換えに生産量の削減を実現することで地元漁民の経済厚生が改善されることになることになる。一方，企業が生産量を社会的に望ましい水準 x_0^s まで削減することで放棄することになる利潤 π は △BDE の面積であらわされる。そのため，地元漁民から受け取る補償金額が少なくとも △BDE の面積であらわされる金額をわずかに上回るのであれば，補償金の受取りと引き換えに生産量の削減を受入れることで企業の経済厚生が改善される。図 10.8 において，明らかに □$BCDE$ の面積が △BDE の面積を上回っている。このことは，地元漁民が企業に補償金を支払うことで生産量を企業の利潤を最大化する x_0^* から社会的に望ましい水準 x_0^s まで削減するという両者間の交渉が妥結する余地があることを意味している。

*4 言い換えれば，これまでどおり生産関数に限界生産物逓減の性質を仮定しているということです。

*5 x_0^* から x_0^s にわたって限界外部費用 MEC をすべて足し合わせることで，外部費用 EC を求めることができます。こうした数学的操作を定積分といいました。以下の議論も同じです。

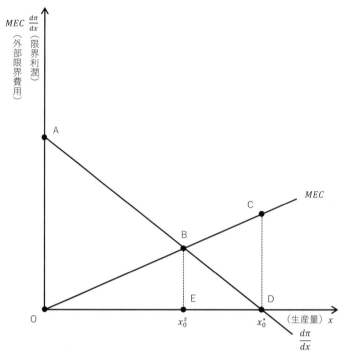

図 10.8 当事者間の交渉による解決

　これまでの議論では，企業に対して営業の自由が完全に保障され，汚染物質の排出に関しても何ら規制が存在しない状況が想定されていた。そのため，企業の生産量を削減するためには営業の自由を制約する見返りとして地元漁民が補償金を支払う必要があった。しかし，地元漁民が周辺の漁場に漁業権を有するのであれば，汚染物質を排出する企業の方が生産を行うことの見返りとして地元漁民に補償金を支払わなければならない。企業に排水を流す権利が一切認められていなければ，当初，企業の生産量はゼロである（$x = 0$）。企業が生産量を社会的に望ましい水準 x_0^s まで増加させることで獲得できる利潤 π は，図 10.8 における □$ABEO$ の面積であらわされる。ここで，企業が地元漁民に補償金を支払うことで生産量の増加を実現することを考えよう。地元漁民に支払う補償金額が少なくとも □$ABEO$ の面積をわずかに下回るのであれば，補償金の支払いと引き換えに生産量の増加を実現することで企業の経済厚生が改善されることになる。一方，企業が生産量を社会的に望ましい水準 x_0^s まで増加させることで地元漁民が被ることになる外部費用 EC は △BEO の面積であらわされる。そのため，企業から受け取る補償金額が少なくとも △BEO の面積であらわされる金額をわずかに上回るのであれば，補償金の受取りと引き換えに生産量の増加を受入れることで地元漁民の経済厚生が改善されることになる。図 10.8 において，明らかに □$ABEO$ の面積が △BEO の面積を上回っている。このことは，企業が地元漁民に補償金を支払うことで生産量をゼ

ロから社会的に望ましい水準 x_0^s まで増加させるという両者間の交渉が妥結する余地があることを意味している。

　これまでの議論から，ある財の消費や生産に外部性がともなう場合であっても，ピグー的補正といった市場機構に対する政府の介入によることなく，当事者間の交渉に基づく自発的な補償金のやり取りによって社会的に最適な資源配分が実現される可能性があることがわかる。これを**コースの定理**（Coase's theorem）という [*6]。

> **コースの定理**
>
> ある理想的な状況下においては，外部性が存在しても当事者間の交渉によって効率的な資源配分が実現される。

　しかしながら，コースの定理が成立するためには，当事者間の交渉のための**取引費用**（transaction cost）が十分に小さくなければならない。ここでいう取引費用には，交渉にかかる直接的な費用はもちろんのこと [*7]，例えば図 10.8 に示されるような交渉相手の限界利潤曲線や外部限界費用曲線を把握するための費用も含まれる。当事者間にこうした情報の偏り，すなわち**情報の非対称性**（information asymmetry）が存在しないと仮定することはきわめて非現実的であろう。また，交渉のための取引費用は当事者の数にも依存するはずである。そのため，ある財の消費もしくは生産にかかる外部性の影響がきわめて広範囲に及んでいる場合，交渉のための取引費用は膨大なものとならざるをえない [*8]。これらの理由から，現実世界においては外部性がもたらす資源配分の歪みを当事者間の交渉のみによって是正できることはまれであり，何らかのかたちで政府による市場機構への介入が要請されるのである。

[*6] 英国生まれの米国の経済学者コース（Ronald H. Coase）（1910–2013）にちなみます。

[*7] 例えば，近隣に汚染物質を垂れ流す工場があり，あなたが住民代表として交渉にあたるとしましょう。もしその工場の本社が海外にあれば，交渉に出向くためには多額の交通費がかかります。そればかりか，もし交渉のために会社を休まなければならないとすれば，その分の給料を放棄しなければなりません（これを，経済学では「機会費用」といいます）。これらはすべて交渉にともなう取引費用のごく一部です。

[*8] 「コースの定理」の評価をめぐるより詳細な議論については，[3] 奥野（2008）第 7 章，[4] 神取（2014）第 4 章，あるいは [6] 常木（2002）第 3 章などを参照するとよいでしょう。

第 11 講

公共財

本講の目標

- 公共財の最適供給についてグラフや数式を用いて説明できる。
- 市場機構が公共財の最適供給に失敗する理由について説明できる。
- 公共財の最適供給を実現するうえで政府が果たすべき役割とその限界について説明できる。

11.1 公共財の定義

これまで分析してきた財は，いずれも対価を支払った消費者のみが排他的に消費することができ，かつ誰かが消費すれば，もはや誰もそれを消費することはできないことが暗黙に仮定されていた。このような財を**私的財**（private goods）という。一般に，ただ「財」というときには私的財のことを指す [*1]。

しかしながら，例えば国防，警察，堤防，あるいは灯台など一部の財については，（1）たとえ対価を支払わなくとも誰もが消費することができ，かつ（2）誰かが消費することで他の消費者の消費が妨げられることもない。（1）の性質を**消費の非排除性**（non-excludability in consumption），（2）のそれを**消費の非競合性**（non-rivalry in consumption）という。消費の非排除性と非競合性という 2 つの性質を備えた財を**公共財**（public goods）という [*2]。

公共財の定義

消費の非排除性と非競合性を有する財を公共財という。

表 11.1 には消費の排除性と競合性に着目した財の分類が示されている。消費の非排除性の程度は，対価を支払わない経済主体の消費を妨げるための**排除費用**（exclusion cost）の大きさによって捉えることができる。例えば，アイスクリームの消費から対価を支払わない消費者を排除することは容易である。

*1 お金を払わずにアイスクリームを食べることはできませんし，誰かが食べたアイスクリームを別の人が食べることはできません（あたりまえ）。このことから，アイスクリームは典型的な私的財といえるのです。

*2 したがって，たとえ公共的な性格を有しても，例えば教育サービスや介護サービスといった財は公共財とはみなされません。

表 11.1 財の分類

		(a) 競合性	
		あり	なし
(b) 排除性	あり	私的財	クラブ財
	なし	共有地（コモンズ）	純粋公共財

　他方，電波放送については受信料を支払わない家庭の視聴を排除することは完全に不可能ではないが，戸別訪問のための人件費や裁判費用など多額の経費がかかるため，その排除費用は決して小さくない。同じように，消費の非競合性の程度は，**混雑費用**（congestion cost）の大きさで捉えることができる。例えば，誰かが食べたアイスクリームを別の人は消費することができないため，アイスクリームの混雑費用は無限大に近い。しかし，誰かのテレビ視聴によって別の人のテレビ視聴が妨げられることはないため，電波放送のそれはきわめて小さいといえる。あるいは，道路は複数の経済主体が同時に走行することが可能だが，利用者数が増えるにつれて混雑するために消費の「質」は低下をせざるをえない。そのため，道路の混雑費用の大きさはアイスクリームと電波放送のそれの中間程度であると考えられる。

　排除費用が無限大で，かつ混雑費用がゼロの財を**純粋公共財**（pure public goods）という。（純粋な）私的財はその逆で，排除費用がゼロで，かつ混雑費用が無限大の財として定義される。両者の中間の財を**準公共財**（impure public good）という。準公共財のうち，インターネットを利用した映像ストリーミング・サービスやフィットネス・クラブのように，排除費用が小さい（つまり，対価を支払わないと消費できない）という点では私的財に近い性質を有するが，混雑費用も小さい（つまり，複数の消費者が同時に消費できる）という点では公共財に近い性質を有する財を**クラブ財**（club goods）という [*3]。それに対して，入会地や漁場などのように排除費用が大きいという点では公共財に近い性質を有するが，混雑費用も大きいという点では私的財に近い性質を有する財を**共有資源（コモンズ）**（commons）という。

11.2　公共財の最適供給

　図 11.1 には消費者 i のある公共財の消費量と限界便益の対応をあらわす個別限界便益曲線が示されている。限界便益逓減の法則から，横軸に消費量 x，縦軸に限界便益 u' をとった座標平面において，個別限界便益曲線の形状は右下がりの曲線となる。これまでの議論から明らかなように，この個人が公共財を x_0 だけ消費することで得る総便益の大きさは，限界便益曲線の下方，縦軸

[*3] 私的財であるアイスクリームは，誰かが消費したアイスクリームを別の人が消費することはできませんが（あたりまえ），映像ストリーミング・サービスやフィットネス・クラブであれば，複数の消費者が同時に消費することが可能です。

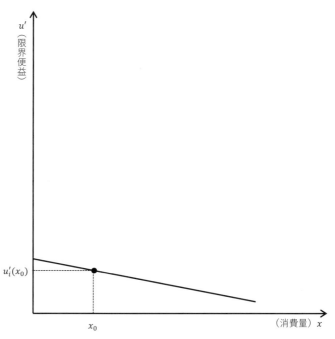

図 11.1 公共財の個別限界便益曲線

の右方，横軸の上方，および $x = x_0$ における垂線の左方で形成される領域の面積であらわされる。

　いま，説明の簡単化のために「消費者 1」と「消費者 2」の 2 人のみが当該の公共財を需要するものとしよう。図 11.2 における $u_1'(x)$ は消費者 1 の個別限界便益曲線，$u_2'(x)$ は消費者 2 の個別限界便益曲線を示している。公共財はその定義から完全な消費の非競合性を有するため，消費者 1 と消費者 2 は当該の公共財を同時に x_0 だけ消費することができる。例えば，公共財の消費量を x_0 から限界的に 1 単位増加させることで，消費者 1 は $u_1'(x_0)$，消費者 2 は $u_2'(x_0)$ の限界便益をそれぞれ得る。ゆえに，消費者全体の限界便益すなわち**社会的限界便益**（marginal social benefit）は，消費者 1 の限界便益と消費者 2 のそれの合計である

$$u_1'(x_0) + u_2'(x_0) = u'(x_0) \tag{11.1}$$

となる。このことはすべての消費水準においていえるので，一般に公共財の社会的限界便益は

$$u'(x) = \sum_{i}^{n} u_i'(x) \tag{11.2}$$

となる。ただし，u' は社会的限界便益，u_i' は消費者 i の限界便益，n は消費者の数である。（11.2）式より，公共財の社会的限界便益曲線はすべての消費

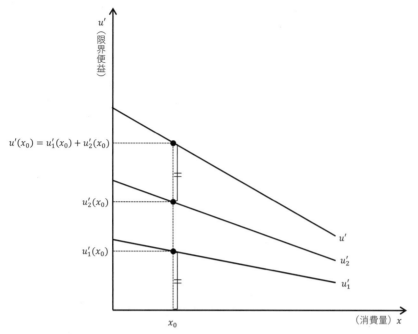

図 11.2　公共財の社会的限界便益曲線

者について個別限界便益曲線の**垂直和**（vertical summation）をとることで描かれる [*4]。ここでは，図 11.2 に示される右下がりの曲線 u' がそれである。

*4 市場需要曲線と市場供給曲線は，それぞれ個別需要曲線と個別供給曲線の水平和をとることで描くことができました。「水平和」と「垂直和」の違いに注意しましょう。

公共財の社会的限界便益曲線

公共財の社会的限界便益曲線は個別限界便益曲線の垂直和をとることで導出される。

　図 11.3 における u' は公共財の社会的限界便益曲線，MC は公共財を生産する企業の限界費用曲線をあらわす。私的財の場合と同じく，取引によって生じる総余剰は公共財を生産するための限界費用と公共財を消費することの社会的限界便益が一致する取引量 x_0^* で最大になる。すなわち，

$$u'(x_0^*) = MC(x_0^*) \tag{11.3}$$

である。これを，公共財の最適供給に関する**ボーエン・サミュエルソン条件**（Bowen-Samuelson condition）という [*5]。

*5 米国の経済学者ボーエン（Howard Rothmann Bowen）（1908–1989）とサミュエルソン（Paul Anthony Samuelson）（1915–2009）にちなみます。

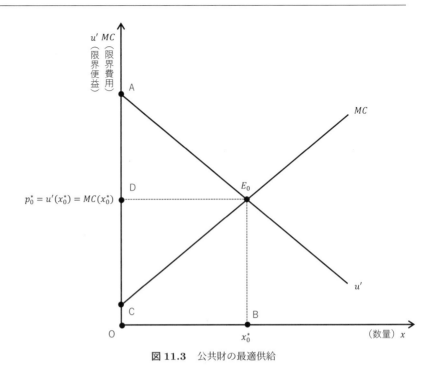

図 11.3　公共財の最適供給

11.3　ただ乗り問題

　しかしながら，私的財の場合とは異なり，当該の公共財が市場機構によって社会的に最適な水準である x_0^* だけ供給されることはないであろう。なぜなら，公共財はその定義から消費の非排除性と非競合性を有するため，自分以外の誰かが消費費用を負担することで供給された公共財を，自らは対価を支払うことなく，ただで消費できるからである。そうであれば，誰も自ら進んで公共財の消費費用を負担することはないはずである。結果として，公共財はまったく供給されないか，供給されたとしても社会的に最適な水準よりも過小となる。これを公共財の**ただ乗り（フリーライダー）問題**（free-rider problem）という[*6]。仮に公共財がまったく供給されなければ，図 11.3 における $\triangle ACE_0$ の面積であらわされる社会的厚生の損失が生じることになる[*7]。

┌─ **公共財の供給における「ただ乗り」問題** ─────────────
│
│　公共財は市場機構によってまったく供給されないか，少なくともその供
│　給量は社会的観点からみて過小となる。
│
└───

　市場機構が公共財の最適供給に失敗するのであれば，代わりに政府が供給するほかはない。当該の公共財が価格受容者である企業によって x_0^* だけ生産されるためには，政府が図 11.3 における価格 p_0^* でその供給を発注しなければな

*6 地震や台風などの災害があれば真っ先に NHK にチャンネルを合わせる人が，「オレ，NHK は見ないから」と言って受信料の支払いを拒否するような状況です。

*7 経済主体が合理的に行動する結果としてパレート非効率な状況が生じてしまうことから，公共財の供給問題はまさにゲーム理論における「囚人のジレンマ」の典型例といえます。「囚人のジレンマ」を含むゲーム理論の基礎的概念のいくつかについては，第 13 講で取り上げます。

らない[*8]。そのための費用は $p_0^* \times x_0^*$ となるから，その大きさは □$BODE_0$ の面積であらわされる。

　政府は公共財の供給にかかる消費費用を納税者たる消費者にどのように割り当てるべきだろうか。消費者が公共財の消費から得る限界便益が外部から観察可能であれば，いわゆる応益負担（受益者負担）原則に基づき，消費者 1 が $u_1'(x_0^*) \times x_0^*$，消費者 2 が $u_2'(x_0^*) \times x_0^*$ だけ負担すればよい。なぜなら，$u_1'(x_0^*) + u_2'(x_0^*) = u'(x_0^*) = p_0^*$ から

$$u_1'(x_0^*) \cdot x_0^* + u_2'(x_0^*) \cdot x_0^* = [u_1'(x_0^*) + u_2'(x_0^*)] \cdot x_0^*$$
$$= u'(x_0^*) \cdot x_0^*$$
$$= p_0^* \cdot x_0^* \tag{11.4}$$

が成り立つため，これにより公共財の消費費用の全額を賄うことができるからである[*9]。

　実際には，消費者が公共財の消費から得る限界便益は外部から観察不可能な**私的情報**（private information）である。そうであれば，まず政府が消費費用の負担割合を提示し，消費者がその負担割合のもとでの公共財の需要量を自己申告することを繰り返すことで，すべての消費者の需要量が社会的に最適な水準である x_0^* に一致するような負担割合を発見すればよい。こうした試行錯誤によって公共財の最適供給を実現するプロセスを**リンダール・メカニズム**（Lindahl mechanism）という[*10]。

　しかしながら，リンダール・メカニズムによっても公共財の「ただ乗り」問題が解決されることはない。(11.4) 式に示されるように，リンダール・メカニズムのもとでは公共財の最終単位の消費から得る限界便益に応じて消費者間で消費費用 $p_0^* \times x_0^*$ を案分することになる。そうであれば，誰も自らが公共財の消費から得る限界便益（＝限界支払意思額）を正直に申告することはないであろう。「ただ乗り」問題によって応益負担（受益者負担）原則に基づく公共財の供給に失敗するのであれば，政府は受注企業への支払金額 $p_0^* \times x_0^*$ を一括固定税によって賄えばよい[*11]。

公共財の供給と政府の役割

ある理想的な条件のもとでは，徴税権をもつ政府が消費者に費用負担を強制することで公共財の最適供給が実現する。

　もっとも，こうした議論も図 11.3 に示されるような公共財の社会的限界便益曲線と限界費用曲線を政府が観察可能であるとの前提のもとで成り立っており，実際にはきわめて非現実的であろう。また，仮に観察可能であったとして

[*8] 競争市場における企業の利潤最大化条件は，「価格＝限界費用」でした。

[*9] こうした計算ができるのは，公共財の性質である消費の非競合性によるものであることを確認しましょう。

[*10] スウェーデンの経済学者リンダール（Erik Lindahl）（1891–1960）にちなみます。

[*11] 例えば，日本の放送法第 64 条は「協会（NHK）の放送を受信することのできる受信設備（テレビ）を設置した者」に対して受信契約を義務づけており，該当者は実際の視聴時間にかかわらず受信料の支払義務を負います。これは，事実上の一括固定税にほかなりません。なお，消費費用の徴収方法が一括固定税でないと，第 8 講で学んだ課税の死荷重が発生してしまいます。

も，政府に社会的厚生を最大化するように行動する誘因が存在するかどうかは必ずしも自明ではない。政府を構成する官僚や政治家はポストや予算の獲得といった私的利益の追及のために，公共財の消費にかかる社会的限界便益を誇張したり，あるいは生産にかかる限界費用を過小に申告することで，公共財を社会的観点から過大に供給しようとする誘因をもつかもしれない。このように，政府の市場機構への介入によって効率的な資源配分が損なわれることを**政府の失敗**（government failure）という [12]。

*12 政治家や官僚といった政治的アクターを自らの私的利益を追及する主体として捉えたうえで，さまざまな政治過程を分析する経済学の応用分野を「公共選択論」といいます。その入門的な内容については，例えば［7］寺井・肥前（2015）の第 7 章などを参照するとよいでしょう。

第 IV 部　文献案内

［1］芦谷政浩（2009）『ミクロ経済学』有斐閣。

［2］小川光・西森晃（2015）『公共経済学』中央経済社。

［3］奥野正寛（編著）（2008）『ミクロ経済学』東京大学出版会。

［4］神取道宏（2014）『ミクロ経済学の力』日本評論社。

［5］武隈愼一（2016）『新版　ミクロ経済学』新世社。

［6］常木淳（2002）『公共経済学（第 2 版）』新世社。

［7］寺井公子・肥前洋一（2015）『私たちと公共経済』有斐閣。

［8］林正義・小川光・別所俊一郎（2010）『公共経済学』有斐閣。

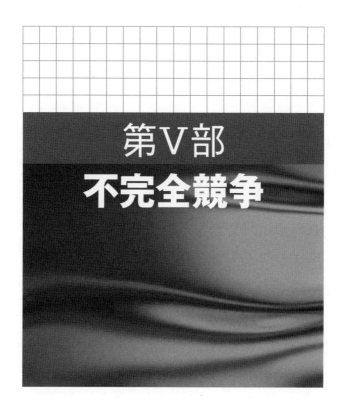

第Ⅴ部
不完全競争

第12講

独占

本講の目標

- 独占企業の行動原理について説明できる。
- 社会的厚生の観点から独占の弊害について説明できる。
- 自然独占が生じる技術的理由，政府による規制の方法，および公共料金の経済的意義について説明できる。

12.1 独占の定義

　無数の生産者と消費者からなる競争市場においては，すべての経済主体は価格を所与として行動する（価格受容者）。しかしながら，しばしば現実の経済では少数の経済主体が価格支配力を有する状況が観察される。こうした競争のあり方を**不完全競争**（incomplete competition）という[*1]。

　不完全競争の極端なケースとして，財の売り手ないし買い手が1人である状況を**独占**（monopoly）という。ここでは財の供給主体である企業が1社のみである「供給独占」に焦点をあて，独占企業の行動原理と独占がもたらす弊害について明らかにする[*2]。

*1 現代経済においては，ほとんどの市場が不完全競争の状態にあるといっても過言ではありません。例えば，皆さんにとって身近な自動車，携帯電話，あるいはビールなどの市場をイメージしてみましょう。

12.2 独占企業の行動原理

　いま，X財が独占企業によって供給されているものとする。独占市場においても，財の価格が市場全体の需要量と供給量が一致する水準で決定されることは競争市場と何ら変わらない。もっとも，独占市場における財の供給主体は1社のみであるから，独占企業の生産量がすなわち市場全体の供給量である。したがって，独占企業は自らの生産量を調整することで当該財の**独占価格**（monopoly price）を設定することができる。

　図12.1にはX財の市場需要曲線が描かれている。例えば，独占企業は自らの生産量をx_0からx_1に削減することで，生産物価格をp_0からp_1につり上

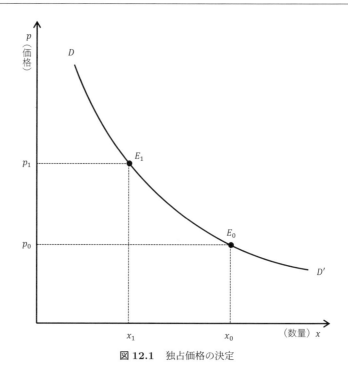

図 12.1　独占価格の決定

*2 日本を含むほとんどの国には
「独占禁止法」が存在するため，独
占の具体的な事例を探すのは意外
と難しいかもしれません。最近話
題になった事案だと，日本音楽著
作権協会（JASRAC）が公正取
引委員会から独占禁止法違反（私
的独占）に当たると認定され，排
除措置命令を受けました（日本経
済新聞電子版 2016 年 9 月 14
日）。もっとも，政策上の理由か
ら特例的に独占が認められている
ケースも存在します。例えば，日
本たばこ産業（JT）は「たばこ
事業法」により日本国内における
たばこ製造の独占を認められてい
ます。また，一般信書便事業（封
書やはがき）には法令によってき
わめて厳しい参入障壁が設けられ
ており，事実上，日本郵便の独占
となっています。また，厳密な意
味での独占ではありませんが，主
要産油国で構成される石油輸出国
機構（OPEC）も，かつて原油市
場においてあたかも独占企業のご
とくふるまっていた時期がありま
した。

げることができる。独占企業は競争市場における企業のような価格受容者では
なく，**価格設定者**（price setter）として行動するのである。もっとも，独占企
業であっても何ら制約を受けないわけではなく，あくまで市場需要曲線に沿っ
てしか価格を設定することができないことに留意しよう。

　ここで，X 財の逆需要関数を

$$p = p(x) \tag{12.1}$$

とあらわす。ただし，p は X 財の生産物価格，x は市場全体の需要量である。
また，$p'(x) < 0$ を仮定する。このことは，市場需要曲線の形状が通常どおり
右下がりの曲線であることを意味している。独占市場では独占企業の生産量が
すなわち市場全体の供給量である。また，市場機構によって市場全体の需給が
一致するように価格が決定される。よって，(12.1) 式における x は X 財の需
要量であると同時に独占企業の生産量でもある。

　独占企業の利潤 π は

$$\pi = TR(x) - TC(x) = p(x) \cdot x - TC(x) \tag{12.2}$$

とあらわされる。ただし，x は独占企業の生産量，$TR(x)$ は総収入，$TC(x)$
は総費用である。(12.1) 式から，独占企業にとって生産物価格 p は自らの生
産量 x の関数となる。個別企業にとって生産物価格 p が所与となる競争市場
との違いに注意しよう。

（12.2）式から，独占企業の利潤最大化条件は以下のとおりとなる *3。

$$\frac{d\pi}{dx} = p'(x) \cdot x + p(x) - \frac{dTC(x)}{dx} = 0$$
$$\Leftrightarrow p'(x) \cdot x + p(x) = MC(x) \tag{12.3}$$

（12.3）式の左辺は，生産量を限界的に 1 単位増加させたときの総収入の増分すなわち**限界収入**（marginal revenue, MR）をあらわしている。

（12.3）式は，独占企業が限界収入と限界費用が等しくなるように自らの生産量を決定することを示している。このことは，競争市場における企業の行動原理と何ら変わりがない。ただし，競争市場における企業の限界収入は生産物価格 p に等しく，かつそれは価格受容者である企業にとっては所与である *4。

（12.3）式で示される独占企業の利潤最大化条件を図示しよう。図 12.2 において，D は市場需要曲線，MR は限界収入曲線，MC は限界費用曲線，ATC は平均総費用曲線をあらわしている *5。（12.3）式より，独占企業の限界収入曲線は

$$MR = p'(x) \cdot x + p(x) \tag{12.4}$$

である。市場需要曲線の形状から $p'(x) < 0$ なので，限界収入曲線は市場需要曲線の下方に位置する。

（12.3）式から，独占企業の利潤は限界収入 MR と限界費用 MC が等しくなる生産量において最大となる。図 12.2 において，限界収入曲線 MR と限界費用曲線 MC の交点に対応する x_m がそれである *6。

> **独占企業の利潤最大化条件**
>
> 独占企業は限界費用と限界収入が等しくなるように生産量を決定する。

独占市場においては，独占企業の生産量 x_m がすなわち市場全体の供給量である。ゆえに，独占市場における市場均衡点は市場需要曲線上の点 M である。（12.1）式から，このときの独占価格 p_m は

$$p_m = p(x_m) \tag{12.5}$$

となる。独占企業の生産量 x_m と独占価格 p_m の組合せを座標とする市場需要曲線上の点 M を**クールノーの点**（Cournot point）という *7。

*3 （12.3）式の第 1 式の導出には，積の微分公式 $\{f(x) \cdot g(x)\}' = f'(x) \cdot g(x) + f(x) \cdot g'(x)$ を適用しています。

*4 競争市場における企業の総収入は $TR(x) = p \cdot x$ ですから，価格受容者である企業にとって限界収入 MR は $dTR(x)/dx = p$ となって定数となることをあらためて確認しましょう。

*5 （1）限界費用曲線と平均総費用曲線の形状，および（2）限界費用曲線と平均総費用曲線の位置関係については，第 6 講を参照しましょう。

*6 x_m の添え字の m は"monopoly"（独占）の意味です。

*7 フランスの経済学者クールノー（Antoine Augustin Cournot）（1801–1877）にちなみます。

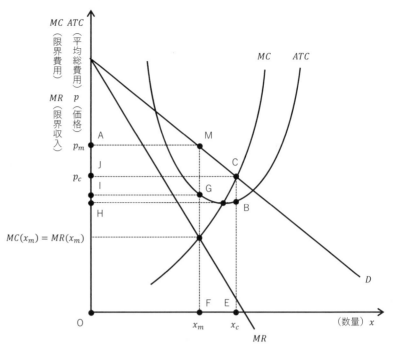

図 12.2　独占企業の生産量と独占価格

確認問題 12.1

　　$f(x) = 120 - x$,　$g(x) = x$ のとき，積の微分公式 $(f(x) \cdot g(x))' = f'(x) \cdot g(x) + f(x) \cdot g'(x)$ が成立することを確かめなさい。

確認問題 12.2

　ある財の市場需要関数が以下で与えられる。

$$x = 120 - p$$

ただし，x は生産物の数量，p は価格である。この産業は独占企業に支配されており，その総費用関数は以下で示される。

$$TC(x) = 2x^2 + 100$$

このとき，独占企業の生産量と独占価格を求めなさい。

12.3　独占利潤

図 12.2 において，独占企業の総収入は □$AMFO$ の面積であらわされる。その一方，独占企業の総費用 TC は $TC(x) = ATC(x) \times x$ から □$FGIO$ の面積であらわされる。したがって，独占企業が享受する利潤すなわち**独占利潤**（monopoly profit）は，両者の差である □$AMGI$ の面積であらわされる。

仮に，独占企業が競争市場における企業と同じように行動するならば，その生産量は図 12.2 において X 財の価格と限界費用が等しくなる x_c となる。このときの X 財の価格を p_c とすると，

$$x_m < x_c \tag{12.6}$$

および

$$p_c < p_m \tag{12.7}$$

となることがわかる。すなわち，独占市場では競争市場と比較して財の供給量は減少し，価格は上昇する。

独占企業が競争市場における企業と同じように行動した場合，総収入は □$CEOJ$ の面積，総費用は □$BEOH$ の面積でそれぞれあらわされる。ゆえに，両者の差として定義される利潤は □$BHJC$ の面積であらわされる。実際には独占企業は x_c ではなく，それより小さな x_m を選択することから，独占利潤（= □$AMGI$ の面積）は競争市場におけるそれ（= □$BHJC$ の面積）を上回る。価格設定者たる独占企業は生産量を減少させることで生産物価格をつり上げ，競争市場と比較してより大きな利潤を享受することができるのである。

独占市場

　独占市場では競争市場と比較して供給量は減少して価格は上昇する。

12.4　独占の弊害

図 12.3 に示されるように，独占市場では競争市場において消費者が享受していた □$AJLM$ の面積であらわされる消費者余剰の一部が，生産者余剰として生産者に移転している。しかしながら，独占の弊害の本質はこうした分配への影響にあるわけではない。なぜなら，消費者と独占企業のいずれの立場に立つかによって，その評価は異なるからである。さらに言えば，独占企業の利潤はその所有者たる家計部門（消費者）にいずれは所得として還元されるはずで

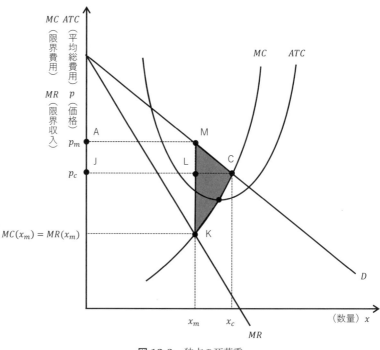

図 12.3　独占の死荷重

ある *8。ゆえに，「弱者である消費者が独占企業によって搾取される」ことをもって独占を批判しても，それは独占の弊害の本質を捉えているとはいいがたい。

　図 12.3 からは，独占企業による生産量の削減を通じた価格のつり上げが，競争市場と比較して $\triangle CKM$ の面積だけ総余剰を減少させることがわかる。これが独占の死荷重である。独占の存在は，いわば「パイの分け方」といった分配面に影響するだけでなく，分配の原資たる「パイの大きさ」自体を縮小させるのである。こうした事態は，市場に参加しているすべての経済主体にとって，明らかに望ましくない *9。独占の弊害の本質は分配の変化ではなく，社会的厚生の損失にこそあるのである。

　これまでの議論から，独占市場の特徴を以下のようにまとめることができる。

（1）独占市場では競争市場と比較して供給量が減少して価格が上昇する。

（2）独占市場では消費者余剰の一部が生産者余剰として生産者に移転する（分配の変化）。

（3）独占市場では消費者余剰の減少額が生産者余剰の増加額を上回るため，両者の合計である総余剰は必ず減少する（独占の死荷重）。

独占の弊害

　　　　　　独占市場においては死荷重が発生する。

確認問題 12.3

　確認問題 12.2 において，独占の死荷重を求めなさい。

確認問題 12.4

　中学校社会科の教科書において，独占の問題がどのように記述されているかを確認しなさい。そのうえで，もし書き換えるとすれば，どのような記述とするべきか考えなさい。

補論 ★　自然独占

　独占の弊害にも関わらず，電力，都市ガス，水道，郵便，あるいは鉄道などのインフラ産業は，独占もしくはそれに準ずる産業構造を有するのが一般的である。これらの産業には共通して生産に巨大な固定費用がともなうという技術的特徴がみられる。例えば，電力であれば電線網を全国津々浦々まで張り巡らさなければならないし，郵便であればどんな僻地にもポストを設置して集配が行える体制を整えなければならない。

　図 12.4 において，MC は独占企業の限界費用曲線，ATC は平均総費用曲線，MR は限界収入曲線，D は市場需要曲線を示している。これまでの議論から，独占企業の生産量は限界収入曲線と限界費用曲線の交点である点 M に対応する x_m となる。また，独占価格は独占企業の生産量 x_m と市場全体の需要量を一致させる p_m となる。この独占企業が支配する産業の技術的特徴は，平均総費用 ATC が単調に減少する範囲において平均総費用曲線と市場需要曲線が交点をもつということである。こうした技術的特徴がある産業を**費用逓減産業**（decreasing-cost industry）という[*10]。また，生産量が拡大するにつれて平均総費用が減少することを**規模の経済**（economy of scale）という。規模の経済が生産量の広範囲にわたってあらわれるのは，それだけ固定費用が膨大だからである[*11]。

　費用逓減産業においては，複数の企業が市場を分割するよりも，単一の企業が独占的に財を生産した方が産業全体でみた生産費用を節約できる。このことを図 12.5 から直観的に確かめよう。生産量 x_m は，図 12.4 に示された独占企業の生産量である。この独占企業の総費用 TC は，

$$TC(x_m) = ATC(x_m) \times x_m \tag{12.8}$$

とあらわされる。ゆえに，その大きさは図 12.5 における □$FGIO$ の面積であらわされる。仮に，この市場が同質な 2 社によって分割されていたとする。1 社あたりの生産量が $x_m/2$ であったとすると，1 社あたりの総費用 TC は

$$TC\left(\frac{x_m}{2}\right) = ATC\left(\frac{x_m}{2}\right) \times \frac{x_m}{2} \tag{12.9}$$

とあらわされる。ゆえに，その大きさは図 12.5 における □$HOJK$ の面積であらわされるので，2 社の総費用 TC の合計は図 12.5 における □$FOJL$ の面積であらわされる。このとき，明らかに

$$\square FGIO < \square FOJL \tag{12.10}$$

である。産業全体でみた生産費用を節約できるという意味で，費用逓減産業に

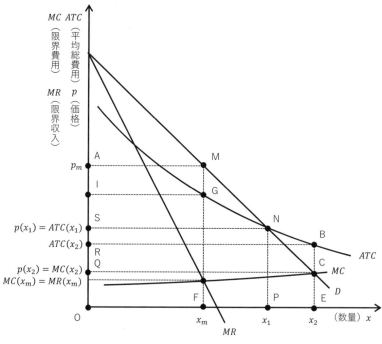

図 12.4　自然独占

おける独占は生産技術の観点からは効率的なのである *12。

　費用逓減産業においては，市場を先占した企業が他の企業による新規参入
を阻止できる。費用逓減産業における独占企業は，生産物価格が図 12.4 にお
ける $p(x_1)$ を下回らない限り，総収入が総費用を上回るので非負の利潤を確
保できる。言い換えると，他の企業が新規参入を試みた場合，独占企業はそれ
を阻止するために生産物価格を $p(x_1)$ まで引き下げることができるのである。
独占企業がつけた価格 $p(x_1)$ のもとでは，x_1 を下回るどのような生産量でも
総費用が総収入を上回るので，潜在的な新規参入企業の利潤は負となってしま
う。そのため，実際に新規参入を試みる企業は現れないであろう。こうして，
費用逓減産業においてはその技術的特性から自ずと独占が生じることになる。
これを**自然独占**（natural monopoly）という。

> **自然独占**
>
> 　費用逓減産業においては自然独占が発生する。

　自然独占も独占の一形態であり，当然のことながら資源配分上の非効率性が
生じる。しかしその一方で，生産量 x が増加するにつれて平均総費用 ATC
が逓減するという産業の技術的特徴から，生産が 1 社に集約されることで生
産費用が節約できるという側面がある。つまり，費用逓減産業においては資源

*12 もちろん，社会的厚生の観点
からは独占の死荷重が生じます。

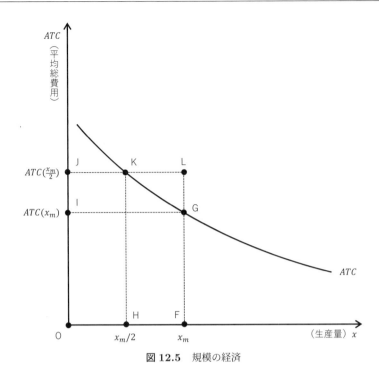

図 12.5　規模の経済

配分上の効率性と生産技術上のそれとのあいだにトレードオフが存在するのである。

　そこで，しばしば費用逓減産業においては例外的に独占を許容することで生産技術上の効率性を確保しつつ，同時に政府が何らかの価格規制を実施することで資源配分上の非効率性の最小化が図られる。このような理由から政府により規制された価格は，一般には公共料金と呼ばれている。

　理論上，独占企業の供給する財の価格を限界費用と等しい水準に規制すれば死荷重は発生しない。これを**限界費用価格規制**（marginal cost pricing rule）という。例えば，政府が生産物価格を図 12.4 における $p(x_2)$ に規制すれば，生産量 x_2 のもとで

$$p(x_2) = MC(x_2) \tag{12.11}$$

となり，競争市場における企業の最適化条件と一致する。

　しかしながら，現実において政府が独占企業の限界費用 MC を観察することは容易ではない。また，政府によって生産物価格 p が限界費用 MC に等しい水準まで抑えられると，独占企業に損失（負の利潤）が発生する。図 12.4 において，限界費用価格規制のもとでの独占企業の総収入 TR は □$CEOQ$ の面積，総費用 TC は □$BEOR$ の面積でそれぞれあらわされる。ゆえに，両者の差として定義される利潤は □$BCQR$ の面積だけ負となる。独占企業に損失が発生するのであれば，その長期的な存続には政府から少なくとも同額の補

助金の給付が必要となる。補助金の原資は租税であるから，一括固定税でない限りは徴税の過程で別の資源配分上の非効率性（課税の死荷重）が生じる [*13]。また，損失が発生してもその全額が政府から補填されるなら，企業には技術進歩を図るために研究開発を行ったり，あるいは経営の効率化によって生産費用を削減したりする誘因は生じないであろう。このことが，社会的厚生の潜在的な損失をもたらすかもしれない。

*13 課税の死荷重については，第8 講をおさらいしましょう。

そこで，政府が生産物価格 p を限界費用 MC ではなく平均総費用 ATC に等しくなるように規制すればどうだろうか。これを**平均費用価格規制**（average cost pricing rule）という。図 12.4 において，政府が生産物価格を $p(x_1)$ に規制すれば，生産量 x_1 のもとで

$$p(x_1) = ATC(x_1) \tag{12.12}$$

となる。このとき，総収入 TR と総費用 TC はともに $\square NPOS$ の面積であらわされる。ゆえに，両者の差として定義される利潤は非負（具体的には，ゼロ）となるので，独占企業は政府の補助金がなくても長期的に存続可能である。

しかしながら，平均費用価格規制のもとでは生産費用のすべてを生産物価格の引き上げによって回収できることが保障されているため，限界費用価格規制と同様に企業の経営規律の緩みにともなう社会的厚生の潜在的な損失がもたらされる可能性が高い。例えば，利潤追求とは関係のない立派な本社ビル，豪華な社長室，あるいは従業員に対する過度の福利厚生などは独占企業の平均総費用を増加させるが，それを相殺するだけの生産物価格の引き上げが政府によって保障されているため，独占企業の利潤が負となることはない [*14]。

*14 有名な温泉街や避暑地に行くと，必ずといっていいほど有名なインフラ企業が保有する保養所や運動施設をたくさん目にしませんか。

費用逓減産業における価格規制

費用逓減産業においては，政府が自然独占を許容するかわりに価格規制を行うことで効率性が改善される。

確認問題 12.5

図 12.4 において，限界費用価格規制と平均費用価格規制それぞれの場合について (1) 消費者余剰，(2) 生産者余剰，および (3) 死荷重を図示したうえで，これらの規制がない場合と比較しなさい。

もっとも，インフラ産業であることをもって，直ちに独占が是認されるわけではない。例えば，電力事業であれば発電事業と送電事業を分離したうえで，

後者については独占を維持したまま前者のみを自由化すればどうだろうか。あるいは，郵便事業であれば事業者にユニバーサルサービス（全国一律のサービス）の提供を義務付けないことも考えられる。こうすることで，これら産業においても平均総費用が逓減する生産量の範囲が大幅に縮小することになるので，もはや効率性の観点から独占が是認されることはないであろう。こうした例からもわかるように，一般に公益目的とされるインフラ事業であっても，市場競争を排して特定の企業に独占的地位を認めることの妥当性については不断に検証されるべきであろう。

確認問題 12.6

　社会的厚生の観点から，水道民営化の是非について論じなさい。

第 13 講

ゲーム理論の基礎

本講の目標

- ゲーム理論の基礎的用語と概念について説明できる。
- ナッシュ均衡の概念について説明し，それを求めることができる。
- ナッシュ均衡が複数存在する場合に，それらをパレートの基準によって評価することができる。

13.1 標準形ゲーム

競争市場と独占市場は正反対の市場構造であるようにみえる。しかし，両者には経済主体の意思決定が他者からの影響を受けることがないという共通点がある。いうまでもなく，現代の市場社会においてそうした状況はきわめて稀であり，ほぼすべての経済主体の意思決定は他者のそれに影響を受けるはずである [1]。相互依存下にある経済主体の意思決定を分析するためには，**ゲーム理論**（game theory）がきわめて有用な分析ツールとなる [2]。

ゲーム理論においては，意思決定の主体を**プレイヤー**（player），プレイヤーの行動計画を**戦略**（strategy），プレイヤーの利益を**利得**（payoff）という [3]。プレイヤー，戦略，および利得という 3 つの構成要素によって表現されるゲームを**標準形ゲーム**（normal form game）ないし**戦略形ゲーム**（strategic form game）という。

次のような具体的状況を想定しよう。ゲームのプレイヤーは，ある重大犯罪の共犯者である容疑者 X と容疑者 Y の 2 人である。両者はともに別の軽微な事件で逮捕され，別々に取り調べを受けている。各人のとりうる戦略は，それぞれ「黙秘」する，「自白」するのいずれかである。表 13.1 には，このゲームの構成要素であるプレイヤー，戦略，および利得がまとめられている。表中の各セルの左側の数字は容疑者 X の利得，右側の数字は容疑者 Y のそれをあらわしている。容疑者 X と容疑者 Y の両方が重大犯罪を「自白」した場合

[1] 例えば，トヨタの意思決定はフォルクスワーゲン，日産，あるいはテスラといったライバル企業の行動に影響を受けるはずです。
[2] ゲーム理論の直接の嚆矢は，フォン・ノイマン（John von Neuman）(1903–1957) とモルゲンシュテルン（Oskar Morgenstern）(1902–1977) が 1944 年に発表した『ゲームの理論と経済行動』(Theory of Games and Economic Behavior) であるとされています。ゲーム理論そのものは応用数学の一領域であり，経済学のみならずきわめて広範な学問分野に「革命」ともいうべき影響をもたらしました。

表 13.1 利得行列の例

X ＼ Y	黙　秘	自　白
黙　秘	20,　20	0,　30
自　白	30,　0	10,　10

*3 「利得」として示されている数値が，具体的に何をあらわしているのか疑問に思うかもしれません。本書の分析では不確実性は問題になりませんので，「利得」として示される数値を個人の効用や企業の利潤と理解して差支えありません。このことについては，神取（2014）の第 6 章に簡明な解説があります。

は，情状酌量が考慮されて両者の利得はともに 10 となる。もし両方とも「黙秘」した場合は，別件逮捕された軽微な罪を問われるのみで，両者の利得はともに 20 となる。片方の容疑者が重大犯罪を「自白」して，もう一方が「黙秘」した場合，「自白」した方の容疑者は司法取引によって赦免されるので 30 の利得を得る。一方で，「黙秘」した方の容疑者は重罪に問われ，その利得は 0 となってしまう。表 13.1 のように，標準形ゲームの 3 つの構成要素であるプレイヤー，戦略，および利得が要約された表を**利得行列**（payoff matrix）（ないし，利得表）という。容疑者 X と容疑者 Y がともに合理的な意思決定を行うならば，このようなゲーム的状況はどのような帰結を迎えるだろうか。

13.2　ゲームの均衡

　まず，容疑者 X の意思決定について考えよう。容疑者 Y が「黙秘」する場合，容疑者 X は「黙秘」すれば 20，「自白」すれば 30 の利得をそれぞれ得るので，「自白」することが合理的である。このように，他のプレイヤーの戦略を所与として自らの利得を最大化する戦略を，その戦略に対する**最適反応戦略**（best response strategy）ないし単に**最適反応**（best response）という。つまり，このときの容疑者 X の最適反応戦略は「自白」である。一方，容疑者 Y が「自白」する場合，容疑者 X は「黙秘」すれば 0，「自白」すれば 10 の利得をそれぞれ得るので，このときの容疑者 X の最適反応戦略はやはり「自白」である。

　次は，容疑者 Y の意思決定である。容疑者 X が「黙秘」する場合，容疑者 Y は「黙秘」すれば 20，「自白」すれば 30 の利得をそれぞれ得るので，このときの容疑者 Y の最適反応戦略は「自白」である。一方，容疑者 X が「自白」する場合，容疑者 Y は「黙秘」すれば 0，「自白」すれば 10 の利得をそれぞれ得るので，このときの容疑者 Y の最適反応戦略もやはり「自白」である。

　すべてのプレイヤーについて自らがとる戦略が互いに他のプレイヤーがとる戦略の最適反応となっているとき，それらの戦略の組を**ナッシュ均衡**（Nash equilibrium）という *4。このゲームのナッシュ均衡は，（自白，自白）である。ただし，両括弧の左側はプレイヤー 1 のとる戦略，右側はプレイヤー 2 のとる戦略をあらわす（以下，同じ）。つまり，容疑者 X と容疑者 Y がともに合

理的であるならば，両方が「自白」してしまうのである。

> ### ナッシュ均衡
> すべてのプレイヤーについて自らがとる戦略が互いに他のプレイヤーが
> とる戦略の最適反応となっているとき，それらの戦略の組をナッシュ均
> 衡という。

　ところで，容疑者 Y の戦略とはかかわりなく，容疑者 X にとって「自白」
することの利得は「黙秘」することのそれを上回る。このとき，「自白」する
ことは容疑者 X の**支配戦略**（dominant strategy）であるという。同様に，容疑
者 Y にとっても「自白」することが支配戦略になっている。すべてのプレイ
ヤーに支配戦略が存在する場合，それらの戦略の組を**支配戦略均衡**（dominant
strategy equilibrium）という。つまり，戦略の組（自白，自白）はナッシュ均
衡であると同時に，支配戦略均衡でもある。ただし，一般に支配戦略均衡は必
ずナッシュ均衡でもあるが，ナッシュ均衡が必ずしも支配戦略均衡であるとは
限らない。言い換えれば，支配戦略均衡が存在しない場合でも，ナッシュ均衡
は存在しうる。

13.3　複数均衡

　「男女の争い」（battle of the sexes）と呼ばれる次のようなゲームを考えよ
う *5。ユウタとイズミが週末のデートについてもめている。ユウタは部屋で
映画鑑賞をしたいのだが，イズミはスタジアムで野球観戦をしたいと思ってい
る。その一方で，自らの主張をゴリ押しすればデートどころか喧嘩になってし
まうので，双方ともそれだけは避けたいと考えている。2 人はそれぞれ自らの
主張を貫き通すべきだろうか，それとも折れて相手の主張に合わせるべきだろ
うか。
　表 13.2 はこのゲームの利得行列である。まず，イズミが自分の主張を曲げ
てユウタの希望を尊重する場合，ユウタの最適反応はもちろんイズミと一緒に
部屋で映画鑑賞をすることである。しかし，イズミが自分の主張を曲げない場
合，ユウタの最適反応は映画鑑賞をあきらめてしぶしぶ野球観戦に出かけるこ
とである。他方，ユウタが自分の主張を曲げてイズミの希望を尊重する場合，
イズミの最適反応はもちろんユウタと一緒に野球観戦に出かけることである。
しかし，ユウタが自分の主張を曲げない場合，イズミの最適反応は野球観戦を
あきらめてしぶしぶ部屋で映画鑑賞をすることである。ゆえに，最適反応戦略
の組として定義されるナッシュ均衡は，（映画，映画）と（野球，野球）の 2 つ

*4 米国の数学者ナッシュ（John
Forbes Nash Jr.）（1928–2015）
にちなみます。ナッシュは 1994
年に非協力ゲームの均衡の分析
に関する理論の開拓を理由とし
てノーベル経済学賞を受賞しま
した。興味のある人は，彼の半生
を描いた映画「ビューティフル・
マインド」（ロン・ハワード監督，
ラッセル・クロウ主演）を鑑賞し
てみるとよいでしょう。この映画
はアカデミー賞で「作品賞」ほか
4 冠に輝いています。

*5 「逢引のジレンマ」との訳語
が充てられることもあります。個
人的にはこちらの方が趣があって
好きなのですが・・・。

表 13.2 「男女の争い」ゲーム

ユウタ ＼ イズミ	映　画	野　球
映　画	20, 10	0, 0
野　球	0, 0	10, 20

存在する。これでは，ユウタとイズミがいくら合理的であっても当日デートが成立するとは限らないし，うまくデートできたとしても部屋で映画をみるか野球観戦に出かけるかは偶然によって決まるほかない[*6]。

*6 [3] 神取（2014）では「男女の争い」型ゲームの事例として，エスカレーターを利用する際に左側と右側のどちらかを空ける慣習を取り上げています。東京をはじめとする関東では急いでいる人のために右側を空けるのに対して，大阪をはじめとする関西では左側を空けるのが一般的ではないでしょうか。これらはどちらもナッシュ均衡であるため，それぞれの地域における慣習として定着しているというのです。ちなみに筆者が住む岡山市では左右のどちらにも寄らないようにみえるのですが，それは人々がどちらの均衡をプレイしたらよいのかわからないからかもしれません。岡山は関西圏に隣接しているにもかかわらず，ほぼすべての人が某大手ファストフードチェーンを「マクド」ではなく東京風（？）に「マック」と呼ぶ土地柄です。

─ 確認問題 13.1 ─

　向学心あふれる学生にとって，教員が「まじめ」に準備した講義を受けることで学問の深淵の一端にでも触れることは大きな喜びでしょう。また教員にとっても，学生が「まじめ」に自らの講義を受講してくれることは教師冥利に尽きるというものです。しかしながら，せっかく貴重な研究のための時間を削って「まじめ」に講義の準備をしても，講義内容はそっちのけで友人との私語に興じたり，スマートフォンの画面にかかりきりの「ふまじめ」な学生の姿を目にすると，大きな徒労感を感じてしまいます。しかし学生の方にも言い分があって，何十年も同じ講義ノートを使い回ししているような「ふまじめ」な講義であれば，放課後に備えて講義中は私語や SNS に興じるのが合理的かもしれません。つまり，教員と学生は次の利得行列に示されるようなゲーム的状況にあるといえます。

教員 ＼ 学生	まじめ	ふまじめ
まじめ	20, 20	0, 10
ふまじめ	10, 0	10, 10

(1) 「協調ゲーム」（coordination game）と呼ばれるこのゲームのナッシュ均衡を求めなさい。

(2) 教員と学生の両方にとってより良い状態を実現するための方策について論じなさい。

表 13.3　「囚人のジレンマ」ゲーム

A ＼ B	協　調	裏切り
協　調	a, a	b, c
裏切り	c, b	d, d

ただし，$b < d < a < c$ かつ $(b+c)/2 < a$。

13.4　均衡の効率性

ところで，表 13.1 のゲームが興味深いのは，容疑者 X と容疑者 Y がともに「自白」する場合よりも，共謀してともに「黙秘」した方が 2 人とも高い利得を得られるにもかかわらず，それが実現しないという点である。このとき，ナッシュ均衡である戦略の組（自白，自白）は，別の戦略の組（黙秘，黙秘）に対して**パレート劣位**（Pareto inferior）にあるという [*7]。あるいは同じことだが，後者は前者に対して**パレート優位**（Pareto superior）にあるという。

ナッシュ均衡である戦略の組（自白，自白）のもとで実現する状況においては，誰かの利得を減らすことなく，別の誰かの利得を増やす余地がある。その意味で，こうした状況をパレートの意味で非効率的であるという。それに対して，戦略の組（黙秘，黙秘）のもとで実現する状況においては，誰かの利得を減らすことなく，もはや誰の利得も増やすことができない。そこで，こうした状況を**パレート効率的**（Pareto efficient）ないし**パレート最適**（Pareto optimum）という。

┌─ **均衡の効率性** ──────────────
│　誰かの状態を悪化させなければ，もはや誰の状態も改善できない状況を
│　パレート効率的ないしパレート最適という。
└────────────────────────

一般に，支配戦略均衡（したがって，ナッシュ均衡でもある）がパレート最適とならないことを**囚人のジレンマ**（prisoners' dilemma）という。また，表 13.3 のような利得構造をもつゲームを「囚人のジレンマ」ゲームという。ただし，$b < d < a < c$ かつ $(b+c)/2 < a$ である [*8]。「囚人のジレンマ」的状況として説明できる社会的事象は多岐にわたり，例えば国家間の軍備拡張競争，公共財の供給問題，あるいは環境問題などが典型例として挙げられる。

┌─ **囚人のジレンマ** ─────────────
│　支配戦略均衡がパレート最適ではない状況を「囚人のジレンマ」という。
└────────────────────────

*7 イタリアの経済学者パレート（Vilfredo Federico Damaso Pareto）（1848–1923）にちなみます。

*8 $(b+c)/2 < a$ という条件が必要になる理由については，[6] 武藤（2001）などのゲーム理論のテキストを参照しましょう。

　他方，表 13.2 に示される「男女の争い」ゲームでは，ナッシュ均衡となる
戦略の組（映画，映画）および（野球，野球）はどちらもパレート最適であり，
どちらが実際にプレイされるべきかはパレート基準によっては比較不可能であ
る。なぜなら，野球観戦を取りやめて映画鑑賞をした場合，ユウタの利得は増
える一方でイズミのそれは減ってしまう。あるいは，映画鑑賞を取りやめて野
球観戦に出かけた場合，イズミの利得は増える一方でユウタのそれは減ってし
まう。つまり，ナッシュ均衡である 2 つの戦略の組のあいだにパレートの意
味で優劣関係は存在しないのである。

補論 1★　繰り返しゲーム

　これまでの知識の応用として，領土紛争を抱えた X 国と Y 国の軍拡競争を考えよう。このゲームの利得行列は表 13.4 に示されており，両国とも「軍拡」が支配戦略となっている。相手国が「軍縮」をするのであれば自国の軍事的優位を確立するために，「軍拡」を選ぶのであれば 2 国間の軍事的均衡を維持するために，理由は異なれど自国は「軍拡」を選ぶことが国益となる状況である。

　しかしながら，このゲームの支配戦略均衡（したがって，ナッシュ均衡でもある）である戦略の組（軍拡，軍拡）は，別の戦略の組（軍縮，軍縮）に対してパレート劣位にある。国防費の増大は教育や社会福祉といった民生分野の予算削減と表裏一体の関係にあるため，両国間の軍事バランスさえ維持できれば軍拡自体は双方にとって望ましいことではない。つまり，国家の合理的意思決定の帰結である軍拡競争は，典型的な「囚人のジレンマ」として描写されるのである。

　もっとも，現実の国際情勢は 1 回限りのゲームではない。隣国が気に入らないからといって別の土地に国ごと引っ越すわけにはいかないのだから，隣国間の外交・安保関係はあたかも無限に繰り返されるゲームのようである。そこで，表 13.4 に示される 1 回限りのゲームが無限に繰り返される状況を想定しよう。一般に，プレイヤー i が第 t 期に得た利得を x_t とすると，**無限繰り返しゲーム**（infinite repeated game）におけるプレイヤー i の利得 u_i は，各期に得られる利得の**割引現在価値**（present discounted value）の合計，すなわち

$$u_i = x_0 + \delta x_1 + \delta^2 x_2 + \cdots = \sum_{t=0}^{\infty} \delta^t x_t \tag{13.1}$$

となる。ただし，δ は将来利得を現在価値に換算するための**割引因子**（discount factor）である（$0 \leq \delta < 1$）。

　なぜ，将来受け取る利得を現在の価値に割引く必要があるのだろうか。その理由は，将来受け取る 1 円は今日の 1 円と同価値ではないからである。今日受け取った 1 円は毎期ごとに潜在的な収益を生むので，今期の受け取りを先送りすることには同額の機会費用がともなう。ρ を利子率（ないし，時間選好率）とすると，1 期後の 1 円の現在価値 δ は，比例関係から

$$1 : 1 + \rho = \delta : 1$$
$$\Leftrightarrow \delta = \frac{1}{1 + \rho} \tag{13.2}$$

となることがわかる。したがって，$\delta = \frac{1}{1+\rho}$ を $t+1$ 期の利得に乗ずれば，t 期における割引現在価値を求めることができる。

　無限繰り返しゲームにおいては，1 回限りのゲームでは実現しないプレイ

表 13.4　軍拡競争のジレンマ

X ＼ Y	軍　縮	軍　拡
軍　縮	20, 20	0, 30
軍　拡	30, 0	10, 10

ヤー間の協調が実現する可能性があることが知られている。例えば，**トリガー戦略**（trigger strategy）と呼ばれる次のような戦略を考える。

- 最初は「軍縮」を選ぶ。その後は相手が「軍縮」を選び続ける限りは自らも「軍縮」を選ぶ。
- 相手が 1 度でも「軍拡」を選べば，その後は永久に「軍拡」を選び続ける。

つまり，相手の裏切りが「引き金」（trigger）となって，自らも相手を裏切るという戦略である。トリガー戦略は相手の裏切りを契機として協調を破棄し，それ以降は相手の利得を低い水準に抑え続けることから，「永久懲罰戦略」とも呼ばれる。

　さて，トリガー戦略のもとで両国がともに協調して「軍縮」を続ける場合，i 国の利得は，

$$u_i = 20 + 20\delta + 20\delta^2 + \cdots = \frac{20}{1-\delta} \tag{13.3}$$

となる [*9]。ここで，仮に i 国が t 期に相手国を裏切り，「軍拡」を選ぶとする。すると，トリガー戦略をとっている相手国は i 国の裏切りに対する報復を行い，$t+1$ 期以降は永遠に「軍拡」を選ぶことになる。このとき i 国の利得 $\underline{u}_i$ は，

$$\begin{aligned} \underline{u}_i &= 30 + 10\delta + 10\delta^2 + \cdots \\ &= 30 + \frac{10\delta}{1-\delta} \end{aligned} \tag{13.4}$$

となる。(13.3), (13.4) 式より，i 国が「軍縮」政策を維持するための条件は，

$$\begin{aligned} \underline{u}_i &< u_i \\ \Leftrightarrow 30 + \frac{10\delta}{1-\delta} &< \frac{20}{1-\delta} \\ \Leftrightarrow \frac{1}{2} &< \delta \end{aligned} \tag{13.5}$$

となる。つまり，(13.5) 式を満たすほど両国が十分に長期的視野をもつならば，両国ともに相手国を裏切ることはなく，不毛な軍拡競争が回避されるので

*9　(13.3) 式の導出には無限等比級数の公式を用いています。これになじみがない皆さんは，補論 2★ を参照しましょう。

ある。

　一般に，プレイヤーが十分に長期的視野をもつ場合，ゲームが無限に繰り返されることで，1 回限りのゲームにおける「囚人のジレンマ」から脱出することができる。協調によって得られる長期的な利得が相手を裏切ることで得られる短期的な利得を上回るなら，協調関係を維持することが双方にとって合理的なのである。

補論 2★　無限等比級数

（13.3）式は初項 20，公比 δ の無限等比数列の和である。一般に，初項 a_1，
公比 $r(\neq 1)$ の等比数列の和 S_n は，

$$S_n = a_1 + a_1 r + a_1 r^2 + \cdots + a_1 r^{n-1} \tag{13.6}$$

とあらわされる。両辺に公比 r を乗じると，

$$r S_n = a_1 r + a_1 r^2 + \cdots + a_1 r^{n-1} + a_1 r^n \tag{13.7}$$

（13.6）式から（13.7）式を辺々差し引くと，

$$(1-r)S_n = a_1 - a_1 r^n$$
$$\Leftrightarrow S_n = \frac{a_1(1 - r^n)}{1 - r}$$

を得る。ここで，$|r| < 1$ のとき，$n \to \infty$ とすれば，

$$\lim_{n \to \infty} S_n = \lim_{n \to \infty} \frac{a_1(1 - r^n)}{1 - r} = \frac{a_1}{1 - r} \tag{13.8}$$

となる。（13.8）式は無限等比級数の公式として知られている。

第 14 講

寡占

┌─ **本講の目標** ─────────────────────
- 寡占市場の特徴について説明できる。
- 数量競争下にある寡占企業の行動原理について説明できる。
- 競争市場や独占市場といった他の市場構造との比較から，市場競争の経済的意義について説明できる。
└────────────────────────────────

14.1 数量競争のモデル化

ある市場が単独ではないが少数の企業によって支配されているとき，その状態を**寡占**（oligopoly）という。X 財の市場需要関数を以下のようにあらわす。

$$x = x(p) \tag{14.1}$$

ただし，p は X 財の価格，x は需要量である。また，(14.1) 式の逆需要関数を

$$p = p(x) \tag{14.2}$$

とあらわす。X 財の市場は「企業 1」と「企業 2」という同質な 2 社によって支配されているものとする。寡占のうち生産者たる企業が 2 社だけの場合を，特に**複占**（duopoly）という。企業 1 の生産量を x_1，企業 2 のそれを x_2 とすると $(x = x_1 + x_2)$，(14.2) 式から市場において成立する X 財の価格 p は

$$p = p(x) = p(x_1 + x_2) \tag{14.3}$$

となる。

まず，企業 1 の行動を考える。企業 1 の利潤 π_1 は

$$
\begin{aligned}
\pi_1 &= p \cdot x_1 - TC(x_1) \\
&= p(x_1 + x_2) \cdot x_1 - TC(x_1)
\end{aligned}
\tag{14.4}
$$

*1 例えば，トヨタはフォルクス
ワーゲンの生産量の決定に直接
的な関与をすることはできないで
しょう。同じように，フォルクス
ワーゲンもトヨタの生産量の決定
に直接的な関与をすることはでき
ないはずです。

*2 ここでは積の微分公式を適用
しています。

*3 ゲーム理論でいう最適反応戦
略を教えてくれるのが，この最適
反応関数です。第 13 講をおさら
いしましょう。

*4 点 E は企業 1 の最適反応曲
線上の点であり，同時に企業 2 の
最適反応曲線上の点でもあるので
（あたりまえ），両社とも相手企業
の生産量を与件として利潤が最大
化されています。

*5 生産量は連続変数なので，企
業 1 と企業 2 のとりうる戦略の
数は無数にあることになります。

*6 フランスの経済学者クー
ルノー（Antoine Augustin
Cournot）（1801–1877）にちな
みます。

とあらわされる。ただし，TC は総費用である。企業 1 にとって競争相手である企業 2 の生産量は所与である *1。ゆえに，自らの利潤を最大化する最適な生産量 x_1^* は，企業 2 の生産量 x_2 を所与として（14.4）式を x_1 について微分したものがゼロとなるようなそれである。すなわち，

$$\frac{\partial \pi_1}{\partial x_1} = \frac{\partial p(x_1+x_2)}{\partial x_1} \cdot x_1 + p(x_1+x_2) - \frac{\partial TC(x_1)}{\partial x_1} = 0$$
$$\Leftrightarrow \frac{\partial p(x_1+x_2)}{\partial x_1} \cdot x_1 + p(x_1+x_2) = MC(x_1) \quad (14.5)$$

を満たす x_1^* が企業 1 にとっての最適生産量である *2。ただし，$MC \equiv \partial TC(x_1)/\partial x_1$ であり，限界費用をあらわす。（14.5）式から，企業 1 の利潤を最大化する最適生産量 x_1^* は企業 2 の生産量 x_2 の関数となることがわかる。このことを明示するために，企業 1 の最適生産量を

$$x_1^* = x_1(x_2) \quad (14.6)$$

とあらわすことにしよう。（14.6）式を企業 1 の**（最適）反応関数**（optimal reaction function）という *3。さらにまったく同じロジックをたどることで，次のような企業 2 の最適反応関数を得る。

$$x_2^* = x_2(x_1) \quad (14.7)$$

　図 14.1 には，横軸に企業 1 の生産量 x_1，縦軸に企業 2 の生産量 x_2 をとった座標平面に，（14.6），（14.7）式であらわされる各社の最適反応関数のグラフ，すなわち**（最適）反応曲線**（optimal reaction curve）が示されている。両社の利潤最大化条件から，最適反応曲線の形状はともに右下がりとなる。（14.6），（14.7）式を同時に満たす企業 1 と企業 2 の生産量の組合せは，図 14.1 において企業 1 と企業 2 の最適反応曲線の交点 E の座標 (x_1^*, x_2^*) である *4。

　これまでの議論から，寡占市場は典型的なゲーム的状況にあることに気づくであろう。このゲームのプレイヤーは企業 1 と企業 2，戦略は生産量 *5，利得は利潤である。企業 1 と企業 2 の最適生産量の組合せ (x_1^*, x_2^*) は，ゲーム理論でいう最適反応戦略の組合せであり，もはや両社とも生産量を変更する誘因をもたないナッシュ均衡となっている。特に，寡占市場において企業間の数量競争が行われる結果として実現する均衡状態を**クールノー・ナッシュ均衡**（Cournot-Nash equilibrium）という *6。

14.2　市場構造の比較

　ここで，X 財を生産する企業 1 と企業 2 が合併したとしよう。これにより，X 財の市場構造は寡占から独占に移行することになる。ここで，合併前の企業

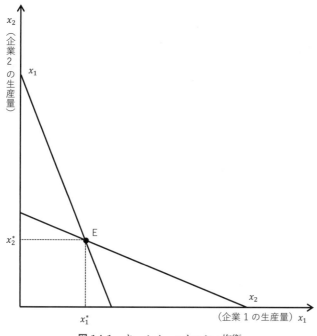

図 14.1　クールノー・ナッシュ均衡

1 は新たに生まれた独占企業の「工場 1」，同じく企業 2 は「工場 2」として引き続き操業されるものとしよう。ゆえに，独占企業の生産量 x_m と各工場のそれのあいだには

$$x_m = x_1 + x_2$$
$$\Leftrightarrow x_2 = -x_1 + x_m \tag{14.8}$$

という関係が成立する。(14.8) 式を図示したのが，図 14.2 において傾きを -1，切片を x_m とする線分 AB である。点 A の y 座標は合併前において企業 1 の生産量がゼロの場合に企業 2 の利潤を最大化する生産量であるから，合併後の独占企業の生産量 x_m に一致する。同じく，点 B の x 座標は合併前において企業 2 の生産量がゼロの場合に企業 1 の利潤を最大化する生産量であり，こちらも合併後の独占企業の生産量 x_m に一致する [7]。

　図 14.2 において，両社の合併前は企業 1 の生産量が x_1^*，企業 2 のそれは x_2^* となる（クールノー・ナッシュ均衡）（点 E）。ところが，合併後は新たに生まれた独占企業が線分 AB 上の点であらわされるどのような生産量の組合せを選ぼうとも，市場全体の供給量（すなわち，独占企業の生産量でもある）は合併前のそれよりも減少する。例えば，両社の合併後も工場 1 の生産量が合併前の x_1^* のままであれば，工場 2 のそれは合併前の x_2^* から x_2^m に減少する（$x_2^m < x_2^*$）（点 C）。したがって，合併前の市場全体の供給量は $x_1^* + x_2^*$，

[7] 工場 1（＝旧企業 1）と工場 2（＝旧企業 2）は同質なので，生産量 x_m を線分 AB 上で両工場にどのように按分するかは独占企業の利潤に影響しません。

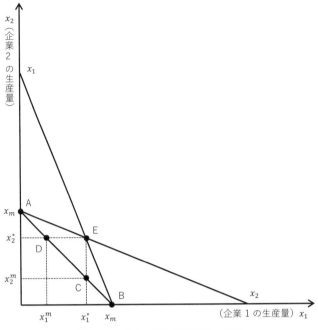

図 14.2 独占市場と寡占市場の比較

合併後のそれは $x_1^* + x_2^m$ となる。このとき，明らかに

$$x_1^* + x_2^m = x_m < x_1^* + x_2^* \tag{14.9}$$

である。あるいは，工場 2 の生産量が合併前の x_2^* のままであれば，工場 1 のそれは合併前の x_1^* から x_1^m に減少する（$x_1^m < x_1^*$）（点 D）。したがって，合併前の市場全体の供給量は $x_1^* + x_2^*$，合併後のそれは $x_1^m + x_2^*$ となる。このとき，明らかに

$$x_1^m + x_2^* = x_m < x_1^* + x_2^* \tag{14.10}$$

である。合併後の独占企業が工場 1 と工場 2 のあいだでどのように生産量を按分しようとも，独占企業の生産量（すなわち，合併後の市場全体の供給量）は合併前の市場全体の供給量よりも必ず小さくなることを確認されたい。

　これまでの議論をもとに，競争市場，独占市場，および寡占市場を市場全体の供給量と価格の観点から比較しよう。まず，市場全体の供給量は参加する企業の数が多い市場構造ほど大きくなる。すなわち，

独占市場 < 寡占市場 < 競争市場

の順である。次に，価格は市場全体の供給量の単調減少関数なので，参加する企業の数が少ない市場構造ほど高くなる。すなわち，

競争市場 < 寡占市場 < 独占市場

の順である。

市場構造の比較

市場に参加する企業数が多くなるほど市場全体の供給量は増加し，それによって価格は低下する。

確認問題 14.1

　同一の財を生産する企業 1 と企業 2 からなる複占市場を考える。両社の総費用関数 TC は，ともに

$$TC(x_i) = 2x_i^2 + 100$$

であらわされる。ただし，x_i は企業 i の生産量である $(i = 1, 2)$。また，当該財の逆需要関数は以下で与えられる。

$$p = 120 - (x_1 + x_2)$$

(1) クールノー・ナッシュ均衡として実現する両社の生産量の組合せを求めなさい。

(2) 企業 1 と企業 2 が共謀して両社の利潤の和が最大になるように行動する場合，(1) の場合と比較して市場全体の供給量は減少し，価格は上昇することを確かめなさい。

第 V 部　文献案内

[1] 芦谷政浩（2009）『ミクロ経済学』有斐閣。

[2] 奥野正寛（編著）（2008）『ミクロ経済学』東京大学出版会。

[3] 神取道宏（2014）『ミクロ経済学の力』日本評論社。

[4] 武隈愼一（2016）『新版　ミクロ経済学』新世社。

[5] 常木淳（2002）『公共経済学（第 2 版)』新世社。

[6] 武藤滋夫（2001）『ゲーム理論入門』日本経済新聞社。

索　引

■著者紹介

大熊 正哲（おおくま・まさのり）

2003年　早稲田大学政治経済学部卒業
2005年　早稲田大学大学院経済学研究科修士課程修了
2010年　早稲田大学大学院経済学研究科博士後期課程修了
　　　　博士（経済学）早稲田大学
　　　　早稲田大学教育・総合科学学術院助手，同政治経済学術院助教，
　　　　岡山大学大学院教育学研究科講師，同准教授を経て，
現　在　岡山大学学術研究院教育学域准教授
主　著　"Between Mao and Markets: New Evidence on Segmentation of
　　　　the Bank Loan Market in China," *Applied Economics Letters*,
　　　　vol.17(12), pp.1213-1218, 2010など

Horitsu Bunka Sha

ミクロ経済学概論

2022年8月30日　初版第1刷発行

著　者　大熊正哲
発行者　畑　　光
発行所　株式会社 法律文化社
　　　　〒603-8053
　　　　京都市北区上賀茂岩ヶ垣内町71
　　　　電話 075(791)7131　FAX 075(721)8400
　　　　https://www.hou-bun.com/

印刷：西濃印刷㈱／製本：㈱藤沢製本
装幀：白沢　正
ISBN978-4-589-04218-7

©2022 Masanori Ohkuma Printed in Japan

妹尾裕彦・田中綾一・田島陽一編

地 球 経 済 入 門
―人新世時代の世界をとらえる―

A5判・230頁・2640円

地球と人類の持続可能性が問われる人新世時代。地球上の経済活動を人類史的・根源的観点から捉えた世界経済論。経済事象の説明だけでなく，事象に通底する論理や構造，長期的趨勢の考察により〈世界〉を捉える思考力を養う。

杉野 勇著

入 門・社 会 統 計 学
―2ステップで基礎から〔Rで〕学ぶ―

A5判・246頁・3080円

統計分析フリーソフト"R"を用いて，社会統計学の専門的な知識を基礎と発展とに分けて解説。サポートウェブサイトを開設し，さらに懇切丁寧に手解きする。社会調査士資格取得カリキュラムD・E・Iに対応。

藤川清史編

経 済 政 策 入 門

A5判・274頁・3080円

基礎的な知識の習得と，現実の経済政策の動向や効果，問題点の論理的な理解，考察力の涵養をめざす。ミクロ・マクロ経済から説きおこし，財政・金融・経済成長政策を解説。貿易・社会保障・環境政策で今後の豊かさを考える。

岡田知弘・岩佐和幸編

入門 現代日本の経済政策

A5判・282頁・3080円

経済政策を「広義の経済」を対象とする公共政策と捉え，産業・生活・公共・対外関係の4観点から包括的・多角的に考察。歴史的展開と最前線の動きをフォローし，現代日本経済と経済政策の全体像をわかりやすく解説。

奥田宏司・代田 純・櫻井公人編

深 く 学 べ る 国 際 金 融
―持続可能性と未来像を問う―

A5判・182頁・2640円

国際金融の基本を学ぶ基本テキスト。複雑で難解な制度や理論，慣れない用語を丁寧に解説し，道筋を立てて全体を概説する。激動する国際金融の安定した今後を探るためのヒントと視座の修得をめざす。

髙橋明弘著

現 代 経 済 法

A5判・274頁・3080円

経済法を学習する際に必要とされる法学と経済学の基礎をおさえた上で，独占禁止法の行動規制を中心に概説。豊富な事例をもとに事実認定，条文解釈，事実への法規の適用のプロセスを提示。

―――――法律文化社―――――

表示価格は消費税10%を含んだ価格です